中国历史研究学术文库

中国社会科学院古代史研究所文化史研究室 

追寻平实精微——汉唐春秋穀梁学论稿

张沛林 著

海峡出版发行集团
THE STRAITS PUBLISHING & DISTRIBUTING GROUP
福建教育出版社

本书的出版得到了“出土文献与中国古代文明研究协同创新中心博士创新资助项目”（CTWX2017BS025）及“第63批中国博士后科学基金面上资助二等资助”（2018M631681）的资助。

从历史中吸取智慧
——“中国历史研究学术文库”序

卜宪群

经过各方的共同努力，特别是在福建教育出版社的大力支持下，“中国历史研究学术文库”和大家见面了。这套文库将主要面向中青年学者，出版他们关于中国历史与文献研究方面的论著，展现他们的学术风采，使他们沿着先贤的足迹，不懈努力，勤勉进取，为繁荣和发展中国特色哲学社会科学做出贡献。文库首批图书出版之际要我说几句话，我就以在中国历史研究院成立大会上的发言为底稿，就新时代为什么要加强历史学习和历史研究谈一点粗浅的体会。

一、从历史中吸取智慧是新时代的需要

伟大的时代必有史学的参与，史学也必将为伟大的时代贡献智慧，这是史学的功能，也是史学家的职责。中华民族素有学习和总结历史发展经验的优良传统。历史学习、历史思维、历史借鉴，在我国历史上许多重大政治与社会变革中，在许多思想、文化的重大转折和突破性演变中，都产生过强大的推动作用。史学在维护中华民族发展过程中的国家认同、民族认同、文化认同上产生过重大作用。回望历史，中华民族统一多民族国家的形成以及中华文明的长期延续，使中国历史发展既艰难曲折又波澜壮阔，呈现出自身的特点与规律。而善于总结历史经验与继承历史传统，是中华民族一次次登上人类文明高峰的重要基础。我们党历来重视历史学习，从历史中吸取智慧，不断开拓前进。毛泽东同志十分善于总结历史经验，他说:“今天的中国是历史的中国的一个发展；我们是马克思主义的历史主义者，我们不应当割断历史。从孔夫子到孙中山，我们应当给以总结，承继这一份珍贵的遗产。这对于指导当前的伟大的运动，是有重要的帮助的。”[1]1944 年，毛泽东同志批示延安的《解放日报》全文转载郭沫若的《甲申三百年祭》，目的是以明末农民起义军李自成集团为例，教育广大干部和全党同志不要重犯胜利时骄傲的错误，从而把延安整风运动推向深入。实事求是是我们党的优良传统，这四个字也是从史书中发掘出来，并赋予了新的含义。

改革开放 40 年的伟大成绩，昭示着中华民族从站起来、富起来到强起来的历史性飞跃。习近平总书记指出:“当代中国正经历着我国历史上最为广泛而深刻的社会变革，也正在进行着人类历史上最为宏大而独特的实践创新。”[2]这一“广泛而深刻的社会变革”与“宏大而独特的实践创新”就是中国特色社会主义道路，这是中华民族五千多年历史上从未有过的大变局。如同中国历史上许多杰出政治家善于从历史中总结经验、探索未来一样，习近平总书记深知，在这片土地广袤、人口众多、历史积淀深厚的国家建设社会主义，必须坚持中国特色，必须坚持中国国情、中国道路，这须臾也离不开历史思维。因此，他高度重视历史学习，指出“历史是最好的教科书”。他多次强调历史认识的重要性，指出历史、现实、未来是相通的。历史是过去的现实，现实是未来的历史。他十分强调吸取历史经验的必要性，指出治理国家和社会，今天遇到的很多事情都可以在历史上找到影子，历史上发生过的很多事情也都可以作为今天的镜鉴。中国的今天是从中国的昨天和前天发展而来的。要治理好今天的中国，需要对我国历史和传统文化有深入了解，也需要对我国古代治国理政的探索和智慧进行积极总结。总书记站在辩证唯物主义和历史唯物主义的高度，讲清楚了我们开辟中国特色社会主义道路的历史必然，讲清楚了我们为什么要从历史中吸取智慧，及其在新时代的重要意义。

二、历史中蕴含着丰富的治国理政智慧

漫长的历史长河中，中华民族在治国理政上积累了丰富的历史智慧，我认为以下三个方面尤为值得重视与总结。

其一，创造并长期维护了中华民族统一多民族国家的治理体系。源于先秦的“大一统”思想和理念，在秦汉以后转化为政治实践，形成了“事在四方，要在中央”，“海内为郡县，法令由一统”的中央集权国家治理体系。这一体系既包含了先秦以来历史文化传承的某些因素，更深刻体现了战国以后社会生产力的发展在国家治理体系上的政治诉求。这一治理体系符合我国历史实际，得到了历代有为的政治家和思想家的高度认同，具有深厚的政治基础、思想基础和社会基础。我国历史上秦汉唐宋元明清所创造的数座文明高峰，都与这一治理体系所发挥的巨大作用不可分割。中华民族之所以产生并长期凝聚不散，也是这一治理体系延续不断的结果。这充分说明大一统的国家治理体系深得人心，是趋势，是潮流，符合我国国情。世界历史上也出现过不少盛极一时的强盛帝国，但最终都走向分崩离析，其根本原因就在于它们缺少我们这样长期凝聚而成的共同经济联系和历史文化认同。历史反复证明，统一多民族国家的完整与安定是国家治理的前提条件。任何分裂与动荡，都会导致国家与人民陷入灾难。这一历史经验与教训，我们今天仍然不可忘却。

其二，形成并不断丰富完善了统一多民族国家的一系列治理理念与制度体系。中华民族在长期的历史发展过程中，融合各民族智慧，在政治、经济、文化、社会、生态、边疆、民族等一系列国家治理制度体系建设上都有缜密的思考。例如自西周开始，敬德保民的人本、民本意识开始产生，春秋时期“神”在政治中的作用进一步动摇，民本的呼声更加高涨。发轫于先秦的民本思想，在我国封建社会更是演化为许多具体的治理措施。又如自春秋战国时期开始的“尚贤”呼声，推动了当时各国选贤任能思想与实践的发展，并对我国封建社会选贤任能的制度化建设、德为才帅的用人理念产生了重大作用。再如春秋战国时期法治思想的产生与实践，极大丰富了人们对法制在国家治理中的重要性的认识。而秦朝严刑峻法致二世而亡的教训，又直接导致汉代以后“德主刑辅”治理理念与政策的产生。历代所形成的以民为本、德主刑辅、严格吏治、选贤任能、反腐倡廉、基层治理、民族认同、生态保护等思想与制度，内涵极为丰富，其历史智慧至今仍值得我们总结和借鉴。

其三，构建并传承了统一多民族国家的共同价值观。数千年来我们的祖先认识到“是非不乱则国家治”的道理。要做到“是非不乱”，就要有正确认识事物、正确评判事物的共同价值观。中华民族讲求礼义廉耻，提出“礼义廉耻，是谓四维；四维不张，国乃灭亡”。中华民族讲求正己修身，提出“博学于文，行己有耻”，“己所不欲，勿施于人”，“身修而后家齐，家齐而后国治，国治而后天下平”。中华民族讲求变革进取，提出“治世不一道，便国不法古”。此外，厚德载物、居安思危、自强不息、勤劳事功、和而不同等价值观，在历史上都成为凝聚社会的精神核心力量，是历史留给我们的宝贵财富。正是这些精神，使我们的祖先在国家治理上表现出政治秩序、文化秩序、社会秩序相统一的特点，形成了“是非不乱”的共同价值观，对治国理政、维护国家的长治久安产生了积极作用，形成了富有鲜明特色的中华精神文化，至今仍有其不朽的价值，值得我们认真学习。

中国有着悠久的古代史学传统，有着近代以来实证史学的丰硕成果，更有马克思主义传入中国后形成的科学历史理论体系。丰厚的史学遗产是我们的宝贵财富，广大中青年学者需要认真学习和吸取。这套文库应当坚持以马克思主义唯物史观为指导，以习近平新时代中国特色社会主义思想为引领，坚持中国史学经世致用的优良传统，借鉴古今中外一切科学的史学研究方法，为构建具有中国特色的马克思主义史学学科体系、学术体系、话语体系做出贡献。同时，我也真诚地希望史学界的青年朋友积极给文库投稿，希望史学界的老朋友关心支持这套文库，将优秀的学术著作推荐给文库。

最后，祝这套文库的学术生命常青！

注释：

〔1〕《中国共产党在民族战争中的地位》，《毛泽东选集》第2卷。

〔2〕《在哲学社会科学工作座谈会上的讲话》，2016年5月17日。

目　录

引论：孔子“作《春秋》”与《春秋》“三传”的解经模式

有学者认为：“在《春秋》‘三传’中《穀梁传》最少价值。”[1]

持有这种观点的学者应该不在少数，笔者就曾在七八年前，听一位先生讲：“应该学习《公羊传》，《穀梁传》并没什么。”于是受着类似于这种评价的影响，在群经中，我最晚接触的恰是《穀梁传》。那是2012年夏天，本科毕业的暑假，突然想试着读读《穀梁注疏》，一读便有了全新的认识。

硕士一年级，同门的一位师姐博士毕业，她的研究方向也正是《穀梁传》。得知我正在学习《穀梁传》，她问我《穀梁传》最大的特点是什么？我一时回答不出，反问了她同样的问题，她说：“清通简要。”这四个字，我记忆十分深刻。在随后的四五年时间里，我继续阅读《穀梁注疏》，从每天用两个小时看三四页，到看半卷，再到可以看完一卷，二十卷书前前后后看了许多遍，写了十余万字的札记。因为确实愚钝，又有“拖延症”，勉勉强强凑出了博士论文。看的遍数不少，所获有限，但如果有人再问《穀梁传》的特点，这次我可以交卷了。同样用四个字：平实精纯。

“三传”各有优劣：《公羊传》发明幽旨，但似“村朴秀才”，如“君子大居正”，说法稍显迂阔，不如《穀梁传》平实。《左传》辞气雍容，记事明晰，是“文章祖庭”，史家楷式。但多含权诈，义理乖违，如“惜也，越境乃免”这样的“混账话”，真可说是伪造圣言，厚诬夫子，不如《穀梁传》精纯。当然，《穀梁传》也常语焉不详，有无关宏旨，甚至扞格不通处。研究“三传”，似当具备“理解之同情”，导扬其各自的优点，善用阙如，而不回护错误。

解经要“疏通知远，平实精微，斯为上善”。[2]“平实精微”，大概如《程氏易传》《四书章句集注》这样的著作是配得上的。《穀梁传》解《春秋》经，似乎还未到入微的程度，但历代儒先疏证《穀梁传》及笔者自己的理想，未尝不是追寻“平实精微”。这本小书是关于《穀梁传》及其在汉唐时期学史的研讨，是从笔者博士论文中选取几个片段，修改或重新创作后形成的八篇文章。它将编入到一套学术丛书中，而笔者将其视为一个梳理“常识”的读物。因为自古至今，《穀梁传》是一部很少被人重视而又取得经典地位的书，一些基础的概念与知识是亟待重新认识的。八篇文章彼此间并没有过多联系，且有些篇章论述过程琐碎，但目的就是努力使“常识”更清晰一些。本着上面谈到“理解之同情，导扬其各自的优点，善用阙如，而不回护错误”的态度，冀能取得一点成绩。

在开始本书正式内容之前，首先对“孔子作《春秋》”与“三传解经模式”两个无可回避的基础性问题，作一个粗浅的说明，是为研究的基础。

先看第一个问题：孔子“作《春秋》”。

新文化运动到当下的百年间，古人心中的“圣作六经”在先后几个历史阶段内得到了并不全面的批判。但从较主流的研究方法上来说，新式的学者并未超越前清耆宿名儒很多，只在对新材料的运用上积极而恰当。胡适之、傅斯年等改换风气的“预流”学者在著作中严谨的考据，无非是对清儒的继承。举例来说，傅的《性命古训辩证》就是延续清代学者的话题与方法。这样的力作出色且可以引领时流，在于将清人片言只语的注释、札记、序跋等变换为论证更为严密，材料支撑更为丰富，且格式更为规范的“现代化”论文。

而近当代的学者群体，相较于旧时学者，最大的变化在于他们持有受西方及现代化影响的视角，并深信这些新理念的正确性。似乎打破前人“尊经崇圣”的观念，便可使研究更为客观真实。

以《诗经》为例，在当下多数著作中，“《诗经》是我国第一部诗歌总集。”有些严谨的学者会将这句中的《诗经》替换为“《诗》”

或“《诗三百》”。对比前后两类称法，前面一种或有意或无意地取缔了在汉儒“《诗经》”概念中实实在在的经学属性，即取消了经学作为一门实有学科的地位。但《诗经》的名称，本来就是汉儒确立并普遍使用的，将其转换成文学史概念似乎不妥。近代学者并未说明而“自然”且“公认”的使用，体现出经学与文学已不再是同一范畴中的概念了。同样，攻讦、反对《毛传》也存在问题。如《国风》中诗篇的来源确实为民歌，但保留在《诗经》中的文字一定经过了官方的润色。即便没有润色文字，也必然润色了义理，这样才能在庙堂之上呈现。近代的学者否定了这一庙堂之上的实情，直接将《毛诗》文本当作了民间的研究材料。

可以说，中国近代所谓“科学的”是一种“宗教”，具备较强的排他性，严重禁锢了学者的思想，使理解变为单向度。

“《诗》亡而后《春秋》作。”《春秋》作为“五经”之一，至圣先师孔子的唯一制作，其“经学”的研究方式在近代“科学的”方法冲击下，面临同样问题。《春秋》文本简略，非依附传记不能解读。唐宋时期虽有“三传束高阁”及重作传的风气，但绝大部分的疏解、研究是依靠《左传》《公羊传》《穀梁传》及《胡氏传》等经典著作展开的。近代则绝少有为《春秋》重作传者，对《春秋》的相关研究论述，便出现在学史、概论中，且话题多相同。

如顾颉刚先生为代表的古史辨运动是近代文化变革之初学术层面的重要思潮。由他讲授，刘起釪先生记录的讲义小书《春秋、三传及国语之综合研究》中第二章《春秋经论》，谈到《春秋》的体裁、作者、命名、用历四个问题。[3]“作者”一节论述最详，认为笔削“鲁史”作《春秋》者并非孔子。杨伯峻先生的《春秋左传注》出版于20世纪80年代初，可以说是近七十年中最重要的春秋学著作。《前言》讨论“《春秋》名义”“《春秋》与孔子”“《春秋》评价”等几个话题。[4]书中直书圣讳，体现时代印记。考据尚有理据，但下结论也常不留余地。如他认为《春秋》和孔子的关系，仅仅因为孔子用《鲁春秋》教授过弟子。[5]赵伯雄先生的《春秋学史》是新世纪影响最大的春秋学史著作。在第一章中，“《春秋》的性质”“孔子与《春秋》的关系”“春秋学的形成”三节专门讨论《春秋》。[6]赵先生论证较严谨，如比较上引杨伯峻先生关于孔子与《春秋》的观点，赵先生说：“不管孔子是否作过或者修过《春秋》，孔子与《春秋》有着很密切的关系，这一点却是谁也无法否认的。”[7]虽然两位学者皆谈孔子曾用《春秋》作为教材，但辞气有差别，杨先生多少有贬损义，而赵先生则缓和而近实。

以上略述三位学者所研讨关于《春秋》的话题，虽不能涵盖百年来所有“科学的”关于《春秋》的研究，但可以反映出学者们一些集中关注的问题。其中最引人注意的，莫过于孔子与《春秋》的关系，因其意味着《春秋》的“性质”与“作用”。是“经”是“史”？有“大义”还是“直书”？《春秋》是否为孔子作，完全将文本研究带向两个不同方向。也就是说：孔子作《春秋》是春秋学作为经学的第一基础。如果《春秋》的作者不是孔子，那么无论如何在《春秋》研究中也没有谈论经学的必要，以往两千年的研究，大概都可取消了。

但是，我们可以看到的宋前文献恐怕无一同于作者创作时的模样。又先秦典籍，不论是否脱漏、散乱，皆有逐渐增减、添补的嫌疑。鲁史《春秋》旧本不能还原，今日所见，只是前文提到一些学者所说“与孔子有关系的《春秋》”。也就是说，不同立场的学者，或以为孔子作或以为非，都是根据有限且相近的无法还原原貌的史料进行分析。近代“科学的”结论与古代学者言论，多少都有臆测的成分，这一点应该是首先明确的。

但我们还是有必要回顾该问题，尤其是一些历代学者反复征引、阐释过的孔子作《春秋》说。目的在于观察学说演进、存在的误解，以及一些思维、方法上的局限。

《孟子·离娄》：孟子曰：“王者之迹熄而《诗》亡，《诗》亡然后《春秋》作。晋之《乘》，楚之《梼杌》，鲁之《春秋》，一也。其事则齐桓、晋文，其文则史。孔子曰：‘其义则丘窃取之矣。’”[8]

《孟子·滕文公》：（孟子曰）：“世衰道微，邪说暴行有作，臣弑其君者有之，子弑其父者有之。孔子惧，作《春秋》。《春秋》，天子之事也，是故孔子曰：‘知我者其惟《春秋》乎！罪我者其惟《春秋》乎！’”[9]

诸说之中，《孟子》成书距孔子时代最近，故上引两段是讨论“孔子作《春秋》”的历代学者必引述的。但两段似乎存有明显的矛盾：《离娄》中以孔子据“鲁史《春秋》”而述“义”，而《滕文公》则直以为“孔子作《春秋》”。[10]俞樾《群经平议》以为“其义则丘窃取之矣”，“取”训为“为”。[11]俞曲园目的明显，是为沟通两段字句，调和上述矛盾。但以“作《春秋》”释作“为《春秋》之义”，终嫌增字为训。

案《孟子》文意并非前后违背。统观两段，说周弊《诗》亡而诸国作史，又说“《春秋》天子之事”，是说鲁《春秋》本来就不当作，孔子《春秋》也不当作。当时诸侯并非不应置史官，诸侯国亦有正常的史文，而王者观风教如《诗》的义不能出于诸侯。孟子说的不当作的《春秋》是合“文”与“义”的，“《诗》亡然后《春秋》作”首先反映出，春秋时各国史文已多有褒贬，董狐笔便是例证。而《孟子》以《春秋》继《诗》，其核心明显在“义”，否则以文本论，《春秋》是编年的史文，如何继承《诗》的体裁？

可以说，孟子将“文”与“义”放置在著作概念的同一层次上，孔子用鲁《春秋》“文”而阐发自己的“义”也可谓“作《春秋》”。同样鲁《春秋》除去有“文”亦可以有褒贬的“义”在，这是并不冲突的。换言之，哪怕孔子不改鲁《春秋》一个字，而申述有别于鲁《春秋》的“义”，也可以说是独作《春秋》了。

如上，如何理解《孟子》的“作”，更多取决于人对文本的重视程度。以今人创作一个文本才算“作”不同，这里“作义”才是

“作”。孔子自谦“窃取”犹如《论语》中的“述而不作”，是孔子自述“不作”文本。孟子见孔子“作义”便是《孟子》中说“孔子作《春秋》”，两者只是对同一“情况”的不同表达。近百年以孔子直用鲁《春秋》和鲁《春秋》本具褒贬两个事实论证孔子未曾“作《春秋》”的学者，是与孟子在不同的认识下较量。近人的“翻案”，亚圣其实早已给予了否定。

孟子后的学者对“孔子作《春秋》”的认识也多将关注点放在“义”上。其含义有所延展，如常见的君臣之义，又如汉儒常讲的“成一王法”。后世师儒对“孔子作《春秋》”的论述，未必全出于推尊至圣之心，实在是《孟子》的“作义”说流传有序且较为平实。说它“平实”，是因有许多缺乏史料且不能还原的问题，以《孟子》中所载最易说明。但孔子把《春秋》当作教材讲授什么？为什么至“西狩获麟”为止？以《论语》中孔子及弟子言论看，孔子谈“天道”难以得闻，稼穑为小人事，好学、修身与正名、治国之“义”才是惯常谈到的。如此，有一个问题则凸显出来，孔子“破邪显正”而谈“大义”，如《论语》所载，直接口述就可以了，何必借助《春秋》发挥？

> 《史记·太史公自序》：上大夫壶遂曰：“昔孔子何为而作《春秋》哉？”太史公曰：“余闻董生曰：‘周道衰废，孔子为鲁司寇，诸侯害之，大夫壅之。孔子知言之不用，道之不行也，是非二百四十二年之中，以为天下仪表，贬天子，退诸侯，讨大夫，以达王事而已矣。’子曰：‘我欲载之空言，不如见之于行事之深切着明也。’”[12]

“子曰：‘我欲载之空言，不如见之于行事之深切着明也’”一句，司马贞《索隐》以为：“孔子之言见《春秋纬》，太史公引之以成说也。”[13]但不论此句是否来源于纬书，是否为孔子所说，后人确实看出了问题：孔子谈“义”，何必借助《春秋》史事。《史记》此段给出了答案，使孟子之后《春秋》以“义”为核心的论断更为严密了。又司马迁有意标明引用了当时春秋学权威董仲舒的话。“群儒首”代表“《公羊传》”一派，提出了一些新的如“王鲁”等“可怪之论”，[14]这在学术史上始终存在较大的争议，但其内涵也未超出《孟子》中所谓的“天子之事”的范围。可以说孟子说与董说内在核心是相同的，“可怪之论”也非常“合理”。

在上引一段后，司马迁继续论述并得出“故《春秋》者，礼义之大宗也”的结论，则侧重于《春秋》“义”的标准。说与《论语》中孔子“君君臣臣”思想最相近，是后世“孔子作《春秋》说”的“主旋律”。[15]合并《孟子》、董生及马迁说，孔子见周道衰，以“义”为核心，为天子事，而“作”有别于鲁《春秋》的《春秋》，传统的“孔子作《春秋》”说已颇为完满。汉儒的“三统更迭”“为汉定制”，以今人视角看虽怪异，也只是将上述孔子的“作义”机械的神秘化。

“作义”说已然坚实、可靠，而在一些小的方面，有些学者也试图作一些补充：

> 《孔丛子·执节》：虞卿著书，名曰《春秋》，魏齐曰：“子无然也。《春秋》，孔圣所以名经也。今子之书，大抵谈说而已，亦以为名何?”答曰：“经者，取其事常也。可常，则为经矣。且不为孔子，其无经乎?”齐问子顺，子顺曰：“无伤也，鲁之史记曰《春秋》，《春秋经》因以为名焉，又晏子之书亦曰《春秋》。吾闻太山之上，封禅者七十有二君，其见称述，数不盈十，所谓贵贱不嫌同名也。”[16]

此处不讨论《孔丛子》成书时代及这段是否为真实史料，只看它解决了孔子《春秋》为何不取他名而沿用鲁史旧名的问题。文中，孔子顺的说法为孔子《春秋》与鲁史同名提供了一个合理的解释。言外之意，孔子《春秋》“常道”当然高于鲁史《春秋》，“贵贱不嫌同名”，名字是不重要的，“义”为重。

如上，“孔子作《春秋》说”是不断演进、精确和完善的，其“作义”也逐渐丰富。与此同时，亦有学者根据个人需求及学风，改易成说与前人文献。

> 《孔子家语·致思》：孔子曰：“王者有似乎《春秋》，文王以王季为父，以太任为母，以太姒为妃，以武王、周公为子，以太颠、闳夭为臣，其本美矣。武王正其身以正其国，正其国以正天下。伐无道，刑有罪，一动而天下正，其事成矣。《春秋》致其时而万物皆及，王者致其道而万民皆治，周公载己行化，而天下顺之，其诚至矣。”〔17〕

《孔子家语》这段话首见于《说苑·君道》，而略有不同，〔18〕最明显者为“王者有似乎《春秋》”一句，《说苑》作“文王似元年，武王似春王，周公似正月”。两者或有同源文献，而更像是《家语》对《说苑》或与《说苑》相近的文献进行了改编。具体而言，《说苑》所载类于西汉的《公羊传》师说。《家语》或为王肃伪造，或亦属先儒所传，但不如两汉公羊家重“元年，春，王正月”一语。以两者原文看，终以《说苑》文字读起来更为通畅，“元年，春，王正月”与下文阐释契合。而《家语》文字虽勉强可通，但不如《说苑》前后严密。“王者有似乎《春秋》”一句读起来与下文关系并不密切，使人感觉突兀，对文献的整理工作没有做好。

汉魏学者不具备今人的“文献意识”，“孔子作《春秋》说”也可以需求改易，这是“孔子作《春秋》说”的另一种演进方式。同样这一段也体现了汉魏《春秋》“义”的转向，孔子“作”意逐渐脱离机械怪论，重趋于笃实。如徐幹《中论·历数》：“故孔子制《春秋》，书人事而因以天时，以明二物相须而成也。故人君不在分、至、启、闭，则不书其时月，盖刺怠慢也。”〔19〕论《春秋》“人事”与“天时”联系，颇为朴质。

> 杜预《春秋左传序》：周德既衰，官失其守，上之人不能使《春秋》昭明，赴告策书，诸所记注，多违旧章。仲尼因鲁史策书成文，考其真伪，而志其典礼，上以遵周公之遗制，下以明将来之法，其教之所存，文之所害，则刊而正之，以示劝诫。其余则皆即用旧史，史有文质，辞有详略，不必改也。故《传》曰：“其善志。”又曰：“非圣人，孰能修之?”盖周公之志，仲尼从而明之。[20]

上文谈到《孟子》与今人对“作”意理解的差异。孔子重新理解了鲁《春秋》是“作”，还是“作”是“作文本”，“文”与“义”什么是核心成了“孔子作《春秋》”的关键。虽然古人认同的核心往往是他们“无意识的”，但也因这两种核心形成了理解的分水岭。这一分水岭就出现在魏晋之时。

上引杜预《春秋左传序》一段中，在义的方面一定程度上还保持着“作义”的传统。杜预点明《春秋》便是正确的“礼”，明确了有此“礼”不改史文也无妨的观点。更沟通周公与《春秋》关系，将《春秋》是“周礼”与“明将来之法”相统一，从而否定汉儒“三统更迭”与《春秋》“为汉立法”的学说。杜氏的“孔子作《春秋》”说蕴含着一种重要的历史观，汉儒学说中的一点“法后王”思想，归向了“法先王”。

更值得注意的是，杜预详细解释了鲁史《春秋》与孔子《春秋》文本的关系。较前人的“作”，更强调“刊正”。叙述中的“策书成文”“志其典礼”，体现杜预将“孔子作《春秋》”的“作”倾向于作文本。

我们很容易发现，汉魏六朝的学术有一种趋向，就是“学问”转向对某部经典的深入研习、持守，以下简称为“学问的文本化”。孔子之后，孟、荀为大儒。先儒尝说孟子精于《诗》《书》，荀子精于《礼》，以《孟子》《荀子》来看，确实如此。但孟、荀不可称“经师”，而到西汉文景时，大儒申公传《鲁诗》《穀梁传》，犹称

“力行”，群儒首董仲舒通五经，但“进退以礼”。虽都传习经典，仍注重行事，犹有先秦儒者敦行风范。到昭宣时，随着师法与家法的逐渐确立，儒家逐渐转化为经师，“大儒”不德、犯事的记载屡屡见诸史籍。虽然“儒家”与“经师”不能强作区别，经师似亦属儒家范畴。总体上看，一方以“义理”为核心，另一方则以“文本”为核心。以“义理”为核心者，引六经以证义，比较注重行事。以“文本”为核心者，区别经典差异，则专门研究阐释文本。

> 《汉书·夏侯胜传》：胜从父子建字长卿，自师事胜及欧阳高，左右采获，又从五经诸儒问与《尚书》相出入者，牵引以次章句，具文饰说。胜非之曰：“建所谓章句小儒，破碎大道。”建亦非胜为学疏略，难以应敌。[21]
>
> 《文中子·周公篇》：刘炫见子，谈六经，唱其端，终日不竭。子曰：“何其多也！”炫曰：“先儒异同，不可不述也。”子曰：“一以贯之可矣，尔以尼父为多学而识之耶？”炫退，子谓门人曰：“荣华其言，小成其道，难矣哉！”[22]

以上两则可以看出“儒者”与“经师”差别。夏侯胜与夏侯建在西汉昭宣时代，正是经学逐渐成为儒学核心的时期。夏侯胜虽传《尚书》，明灾异，但“质朴守正，简易亡威仪”，所务在“大道”，还有些儒家的意思。而其侄夏侯建则“左右采获，又从五经诸儒问与《尚书》相出入者，牵引以次章句，具文饰说”，则务在广征异同阐释经学文本。王通与刘炫在六朝之末，刘炫专就经典之学研讨，自称《周礼》《礼记》《毛诗》《尚书》《公羊传》《左传》《孝经》《论语》，孔、郑、王、何、服、杜等十三家注，都可以讲授。王通则是效仿扬雄，要做博通的儒者，依《春秋》体例，自获麟后，历秦、汉至后魏，作编年体著作《元经》。又依《孔子家语》、扬雄《法言》作客主对答之书《中说》。

两例分别在汉唐八百年首、末，学者效法与研究的对象始终不同，“通儒”与“经师”的差别在八百年间一直存在。这种分歧固然有个人选择的原因，如荀子有韩非、李斯这样的务求政术的学生，也有传《诗》的浮丘伯。另外，官方支持也是重要原因，如汉魏六朝多设经学博士。但更为主要的是，在八百年间中国的学风，始终是有着“学问的文本化”的趋势。而将学问的核心限定在某部或几种经典上，局限性强，弊端明显，有识的学者必然反对。但无疑“学问的文本化”趋势在后汉至唐初，是不断增强的。

具体而言，该趋势应开启于战国初。学派的权威学者如孔子、墨子去世，导致学派逐渐分裂。因此，分裂的各家必须寻求经典来作自己学说的依据。这是“轴心时代”东方与希腊较大分别：希腊为纯粹的“爱智”，故柏拉图与亚里士多德师生学说多不同。而东方则在崇师的基础上探索，对师说的理解有分歧，则学派出现分裂。故释迦涅槃百年而分大众部与上座部，随后分裂为更多的部派。战国中后期“儒分为八，墨分为三”。《庄子·天下篇》《荀子·非十二子》《韩非子·显学》及汉传《异部宗轮论》皆有记载、讨论。但这种趋势，还是以中国最严重。“经”的概念从常道渐成经典之义。如《墨子》中的《墨经》，《礼记》中的《经解》，《庄子》中言孔子“六经”，《汉书·艺文志》中载道家的《黄帝四经》。但此时谈“经”，还是以说“义”为中心，真正的学问转向“文本化”在秦汉之际，完成于西汉中后期。

经过战国时期的学术分流及融合，百家学说特为丰富。除少数能博览而集大成者外，多数学者则归往一派。这其中也有过程，首先本来学说不同的几位“圣人”，在后人反复强调其学说特点及差异后，判别出了儒家、墨家等学派。这一转变当在战国末，如《庄子·天下》及《荀子·非十二子》还以代表人物区分不同学说，到了《韩非子》及司马谈则以儒家、墨家等学派分类。人的分别成了学派的分别，一家之学则有一家经典，则需要就专书研究。又因秦朝多少对文化有所破坏，文化的传习有了断层，文献亟待整理。伏生若非高寿，《尚书》几乎失传。学者需要对专书进行隶定并对缺少师承的经典重新理解，若想深入则无暇博览。学问需要一定时间的积淀，这多少也有些无可奈何。

儒术从孔、孟、荀的“仁”“义”“礼”变为六经，是先有完成了这种无可奈何的“文本化”，才有了汉武帝设立五经博士，从而进一步固化。虽然到了西汉末，这种“无暇博览”因书籍的整理及学问的传播有了改观，经生们开始学习几家说，如贾逵精《左传》而通五家《穀梁传》说，到了后汉更有“囊括大典”的郑康成，但毕竟没有恢复到先秦儒者以“义”为核心的状态。汉代的“师法”“家法”则将“文本化”进一步下移，以“六经”为核心的学问变为以某一家说注为核心的学问。

> 《北史·儒林传序》：大抵南北所为章句，好尚互有不同。江左，《周易》则王辅嗣，《尚书》则孔安国，《左传》则杜元凯。河洛，《左传》则服子慎，《尚书》《周易》则郑康成。《诗》则并主于毛公，《礼》则同遵于郑氏。南人约简，得其英华；北学深芜，穷其枝叶。考其终始，要其会归，其立身成名，殊方同致矣。[23]

汉末魏晋的罹乱，郑学的兴起，新“文本”取代旧“文本”的传习。上引《北史》一段为历来学者谈南北朝经学差异惯用的材料，但无论南北有何差异，传习“学问”皆已是某家注本。这种学风一直延续，以至于所谓“礼是郑学”，“宁道周孔误，讳言服郑非”的程度。

不仅儒家的经学如此，以佛学作为旁证：虽然古印度部派佛教对阿毗达磨经典有传习，但学者亦勤于自造论典。如后来在汉地南北朝时有巨大影响的诃梨跋摩《成实论》等，无一不是学者自作。而到了汉地，这些勇于创新的佛学著作，却又形成了后世所谓的“成实宗”等学派的经典。随后中国形成的“八宗”都有自己的宗经宗论，如天台依《妙法莲华经》等，三论依《中论》《百论》《十二门论》等，贤首依《华严》等。就连不立文字的禅宗也要依《楞伽》与《金刚经》。

“观念”演变后，新的“含义”则渐渐成为“集体无意识”。经过魏晋、隋唐，学问的核心成了“文本”，“作”是“作义”的观念基本消失，大家理所当然地将“作”当做“作文本”。

> 《朱子语类·论语·述而篇》：（徐兄）又问：“如何‘作《春秋》’？恐是作否？”曰：“‘其事则齐桓、晋文，其文则史，其义则丘窃取之矣。’看来是写出《鲁史》，中间微有更改尔。某尝谓《春秋》难看，平生所以不敢说着。如何知得上面那个是《鲁史》旧文，那个是夫子改底字？若不改时，便只依《鲁史》，如何更作《春秋》做甚？”先生徐云：“‘知我者其惟《春秋》乎！罪我者其惟《春秋》乎！’又《公羊传》《穀梁传》云：‘其辞，则丘有罪焉耳。’这是多少担负！想亦不能不是作，不知是如何。”[24]
>
> 《朱子语类·孟子·滕文公下》：问：“孔子作《春秋》，空言无补，乱臣贼子何缘便惧？且何足为《春秋》之一治？”曰：“非说当时便一治，只是存得个治法，使这道理光明灿烂，有能举而行之，为治不难。当时史书掌于史官，想人不得见，及孔子取而笔削之，而其义大明。孔子亦何尝有意说用某字，使人知劝；用某字，使人知惧；用某字，有甚微词奥义，使人晓不得，足以褒贬荣辱人来？不过如今之史书直书其事，善者恶者了然在目，观之者知所惩劝，故乱臣贼子有所畏惧而不犯耳。近世说《春秋》者太巧，皆失圣人之意。又立为凡例，加某字，其例为如何；去某字，其例为如何，尽是胡说！”问：“孔子所书辞严义简，若非‘三传’详着事迹，也晓得笔削不得。”曰：“想得孔子作书时，事迹皆在，门人弟子皆晓他圣人笔削之意。三家惧其久而泯没也，始皆笔之于书。流传既久，是以不无讹谬。然孔子已自直书在其中。”[25]

《朱子语类·春秋·纲领》卷八三：问：“《春秋》当如何看?”曰：“只如看史样看。”曰：“程子所谓‘以传考经之事迹，以经别传之真伪’，如何?”曰：“便是亦有不可考处。”曰：“其间不知是圣人果有褒贬否?”曰：“也见不得。”“如许世子止尝药之类如何?”曰：“圣人亦只因国史所载而立之耳。圣人光明正大，不应以一二字加褒贬于人。若如此屑屑求之，恐非圣人之本意。”[26]

古今善读书者莫过于朱子。他涵泳典籍最为勤奋，虽常颠覆旧说，但严格的考据与富有理性的推导，使结论平实而精微。但对“孔子作《春秋》”问题，朱子始终犹疑不定。黎靖德《朱子语类》载相关材料较为丰富，上列三则，可见朱子广泛地吸收了前说，如“只是存得个治法”，与汉儒“孔子为汉立法”一脉相承。

朱子大胆之处是敢于否定《春秋》的“一字褒贬”。他预设一个“前见”，就是圣人之道出乎自然，心量广大。《春秋》“褒贬”“义例”之说昌明于汉代，非孔、孟所说，又稍显“刻意”，故朱子不认可。

有效的阅读方法便是破解文本的书写方式，朱子不相信《春秋》有“辞例”，则引出了如何阅读、理解《春秋》的问题。他坚持以读史的方法看《春秋》，以为《春秋》是直述史实，褒贬之迹自现的。也承认孔子对鲁《春秋》有更改，但必要看到鲁《春秋》才能判别，从而认为《春秋》几乎是无法理解的。显然，在这一审慎态度上他超过了古今很多学者，甚至是所有学者。但对于极其简明的《春秋》文本，直观看史实是无法实践的。

上文谈到杜预对“孔子作《春秋》”的理解已经倾向于“作文本”，而所引《语类》三则，朱子对“作《春秋》”理解全部由“文本”开展。当“作《春秋》”被无意识并且确定地认为是“作文本”时，自然会出现笔削的鲁《春秋》似乎不能称作是“作《春秋》”的矛盾。

《传习录》：（先生曰：）至于《春秋》，虽称孔子作之，其实皆鲁史旧文；所谓“笔”者，笔其旧，所谓“削”者，削其繁，是有减无增。孔子述六经，惧繁文之乱天下，惟简之而不得，使天下务去其文以求其实。非以文教之也。[27]

《传习录》：爱曰：“著述亦有不可缺者，如《春秋》一经，若无《左传》，恐亦难晓”。先生曰：“《春秋》必待《传》而后明，是歇后谜语矣，圣人何苦为此艰深隐晦之词。《左传》多是鲁史旧文，若《春秋》须此而后明，孔子何必削之”？[28]

《传习录》：爱曰：“先儒论六经，以《春秋》为史。史专记事，恐与五经事体终或稍异”。先生曰：“以事言谓之史，以道言谓之经。事即道，道即事。《春秋》亦经，五经亦史。《易》是包牺氏之史，《书》是尧、舜下史，《礼》《乐》是三代史。其事同，其道同，安有所谓异”？[29]

《日知录》卷四《鲁之春秋》：《春秋》不始于隐公。晋韩宣子聘鲁，“观书于太史氏，见《易象》与鲁《春秋》，曰，周礼尽在鲁矣。吾乃今知周公之德与周之所以王也”。（《左传》昭公二年。）盖必起自伯禽之封，以洎于中世，当周之盛，朝觐、会同、征伐之事皆在焉，故曰“周礼”，而成之者，古之良史也。（《孟子》虽言“《诗》亡然后《春秋》作”，然不应伯禽至孝公二百五十年全无记载。）自隐公以下，世衰道微，史失其官，于是孔子惧而修之。自惠公以上之文，无所改焉。所谓“述而不作”者也。自隐公以下，则孔子以己意修之，所谓“作《春秋》”也。然则自惠公以上之《春秋》，固夫子所善而从之者也。惜乎其书之不存也。[30]

上引《传习录》三则，王阳明对于《春秋》是“经”是“史”的问题，选取了较圆融的说法，他以为一切体裁都反映出思想与史料两个方面的内容。这种观念近于史学意识还未凸显的上古，又像是近代历史学对史料范围的扩张，一定程度上破除了《春秋》单一的解读方法。朱子、阳明善于从旧的文献中找出线索进行理推，是较为科学的主观研究思维，顾炎武颇为信奉程、朱，而又强调文献的征实，所以他的方法较为综合，既有“理推”又有“考据”。《日知录》中《鲁之春秋》一则，顾氏从《左传》昭公二年记载，证明鲁史《春秋》的存在，且鲁史《春秋》不始于隐公。而《孟子》又有“孔子作《春秋》”的记载，顾同样相信，从这点出发进行理推考，得出的结论是惠公之前《春秋》体例完备，自隐公则“史失其官”，故孔子作这一段《春秋》。

对于“作《春秋》”的问题，阳明的关注点在孔子的“动作”，尤其从“削”字论定其意图。他虽与朱子相同，认为“《春秋》是不待《传》解而自明”的，但却得出了孔子“惧繁文之乱天下，惟简之而不得，使天下务去其文”的结论。《春秋》内容的用处似乎不大，孔子是“非以文教之也”。顾炎武在《鲁之春秋》后又有《春秋阙疑之书》一条，这里不再引列，其内容忽略了《春秋》的“义”，猜测《左传》中的史料孔子都未必得见。“多闻阙疑，慎言其余”是修《春秋》之法。[31]

王阳明、顾亭林认为孔子以《春秋》文本凸显“去繁文”“阙疑”等态度，说较为新奇，或属臆测或基础不实。但“行为”与“态度”的“作”，也是一种“作义”的体现。朱子认为《春秋》与鲁《春秋》有关，坚持孔子“作文本”，导致其得出《春秋》为不可理解的结论。而王阳明、顾亭林为解决这一“危机”，重新构建了“作义”。

上文谈到，《孟子》的“作义”说可以回应近代学者的种种怀疑，而朱子、阳明、亭林与近人相同，将“作”的含义已完全认定为“作文本”，才导致了误解。保守的“不可知论”，重新构建新“作义”论，及近人“孔子不作《春秋》”都是在误解中试图解决“矛盾”“危机”，他们要么不说话，要么调和，要么彻底毁坏，但都是不合理的。理解“孔子作《春秋》”，首先应明晰“作”这一观念在历史中的变迁，从而回归到《孟子》“作义”说，“矛盾”与

“危机”自然不复存在。

下面谈第二个问题：《春秋》“三传”的解经模式。

《诗》《书》《礼》《易》《春秋》被当做“经”，以其被赋予的“义理”是绝对正确的。而形式是在被当做“经”之前就存在的。《汉书·儒林传》记载：“宽有俊材，初见武帝，语经学。上曰：‘吾始以《尚书》为朴学，弗好，及闻宽说，可观。’乃从宽问一篇。”[32]汉武帝在阅读《尚书》前必然明晓《尚书》是经书，但在读后却觉得只是“朴学”，需要倪宽讲述才能明白经学的内涵，可见文本体裁对理解的制约巨大。故很多人会认为这种后于文本存在的“义理”是过度诠释的结果，是将现成的思想向文本中填充。但如《尚书·尧典》的开头部分与《大学》之道若合符契，古老的《盘庚》也可以谈“君民一体”“为民之德”，则体现出儒家义理与文本之间存在一种重要的关系。这种关系或是文本为儒家书写，虽是对历史人物的直接描述而自然带有义理的隐喻，或它们是从同一历史中走出来的，之间存在可以交互的内容。这些内容包括人类在相似先验范畴下形成的普遍经验与价值判断，也必须承认在相近的时段、地域下，同一“范式”形成了共同“存在”需求。

今天，“理解不存在客观”这一说法已成为常识，在我们看来古人“刻意的歪曲”，也许是古人“自然的发挥”。承认这种“过度诠释”的合理性，就是承认历史的现实。上节在讨论“作”当理解为“作义”时谈到，以“义”为核心的春秋学可以忽略《春秋》文本在“作”中的影响。而从上述的角度，承认诠释“误差”的实有，哪怕孔子阐发“义理”是不自觉地“误解”鲁《春秋》的文本，同样是可以忽略文本。“能动”与“被动”两方面都能说明孔子借助文本可以自说自话，那么接下来的问题就是，孔子以及后来经师是如何使这种“义理”通过文本呈现的，即呈现的方式有什么基本层次与要求？

我们常说，《公羊传》《穀梁传》主要以“义”解经，而《左传》主要以“事”解经，这种说法值得商榷。“义”是《春秋》作为经学的全部目的，如何休的“三科九旨”，范宁的《释例》都是对“书法”的总结。说《公羊传》《穀梁传》主要以“义”解经，不如说是主要以“例”解经更为妥当。

以往学者对《左传》与《公羊传》《穀梁传》的争论，往往便在“例”或“史”哪种方法更为有效，且在学理上站得住脚。其矛盾点是在与《左传》对比下，《公羊传》《穀梁传》缺乏对史实的正确认知。[33]这意味着学者对“实证”的要求，凸显“史”在诠释过程中的作用。当然，这在古代往往并不构成问题，而对于今天的学者却始终需要反思与回应。

“例”与“史”的作用在于使孔子可以被正确理解，也就是二者的目标同是“义”。当我们把二者并列谈论时，是放在同一范畴中，而它们可以被当作同一范畴时，只可以是直观的“文本内容”，而不能是直接的“作用”或“方法”。“例”“史”与“义”究竟在人理解文本过程中呈现出怎样的层次，这是解读《春秋》最为关键的问题。

隐公元年《经》：“三月，公及邾仪父盟于眛。”《传》：“不日，其盟渝也。”[34]

隐公元年《经》：“九月，及宋人盟于宿。”《传》：“卑者之盟不日。”

文公二年《经》：“三月，乙巳，及晋处父盟。”《传》：“何以知其与公盟？以其日也。”

隐公八年《经》：“秋，七月，庚午。宋公、齐侯、卫侯盟于瓦屋。”《传》：“外盟不日，此其日，何也？诸侯之参盟于是始，故谨而日之也。”

桓公十四年《经》：“夏，五，郑伯使其弟御来盟。”《传》：“不日，前定之盟不日。”

庄公十三年《经》：“冬，公会齐侯盟于柯。”《传》：“桓盟虽内与，不日，信也。”

以上数则，有学者曾引及并批评《穀梁传》用“例”不严谨，认为“复杂缴绕”，“逻辑也比较混乱”。直观来看，诸例似乎确实有些矛盾，这种矛盾主要在于不同方面的“交叉重合”，如“不日”既是“盟渝”，又是“卑者”，还是“前定”。可是古人对逻辑范畴再缺乏认识，也不可能有意创造出如此明显的混乱。文本上的“自然语言”有其问题，但也注意到文本未将书写者完善且穷尽的意思体现出来。如果坚持这种批评，可以说是忽略了文本书写者自明的“前提”，那已经不是与书写者在同一研究“共同体”中探讨问题，失误在批评者。

如上诸例，之所以造成误解，是因将视角都放在“盟”的“例”上，也就是说将以上诸“例”统于“盟”这件事。但以上诸“盟例”就《传》文说明的“主体”，可分为两种：一为就“盟”而言，有“不日，其盟渝也”“外盟不日”“不日，前定之盟不日”。因“前定之盟”有“莅”“来”之辞（内之前定之辞谓之莅。外之前定之辞谓之来），故不与“盟渝”相混。另一种就“盟者”说，有“卑者之盟不日”“公盟日”“桓盟不日”。

> 庄公十九年《经》：“秋，公子结媵陈人之妇于鄄，遂及齐侯、宋公盟。”《传》：“媵，浅事也，不志，此其志何也？辟要盟也。何以见其辟要盟也？媵，礼之轻者也。盟，国之重也。以轻事遂乎国重，无说。其曰陈人之妇，略之也。其不日，数渝，恶之也。”

上引一段属于就“盟者”而言的第二种。看似自乱其例，本来“桓盟不日”，这里却变成了“数渝”。但是，何谓“桓盟”何谓“要盟”是需要注意的问题：庄公十三年《经》：“冬，公会齐侯，盟于柯。”《传》：“曹刿之盟也，信齐侯也。桓盟虽内与，不日，信也。”案“曹刿之盟”亦属“要盟”。虽《公羊传》记事较详，[35]《穀梁传》并未记事，但自《穀梁传》“曹刿之盟也”一语可推知，

《穀梁传》作者或书写者是知道本事。但《穀梁传》并未当此盟为“要盟”，而是“桓盟”。可见《穀梁传》释《经》，并不将直观的史实当作依据。“曹刿之盟”因其“信”，虽是“要盟”而本质是“桓盟”，十九年“及齐侯、宋公盟”虽有齐桓公在，但本质是“要盟”。“要盟”与“桓盟”是两回事，其判断标准并非依据史实上是否为“要盟”或是否有齐桓公参加而定。

再结合《经》文，庄公十九年与他年不同，“媵”遂“盟”的确不妥。这一见解在《穀梁传》中并非孤例，《经》云“宋督弑其君与夷，及其大夫孔父”，《传》言：“书尊及卑，《春秋》之义也，孔父之先死。”《穀梁传》的思想是一贯的，先书“媵”而遂“盟”明显有微言、意旨。故说自乱其例，只是直观而言，“桓盟”的确是“不日”的，但有齐桓公在的“非桓盟”不日，那可能就是“渝”了。

如上，“盟”的“日例”有所“交叉”而不混乱，其实是因创作、书写者有自明的条件，不必要直接记录在文本上。如“外盟不日”与“卑者之盟不日”上文已区分为两类。其交叉点“外盟不日”则“内盟日”，但内“卑者之盟不日”，这是在两个层面的例，《穀梁传》整体遵循“内详外略”及“尊详卑略”，这两点应视作一切“例”的大前提。“内详”“外略”之中又各有等差，内详者则君、大夫详而卑者略，“外略”亦然。将认为混乱的“例”，加在这两个大前提下，则并不存在混乱的问题。

综上在《穀梁传》中，“例”为具体的“人事”设置。应以“人”“事”区分不同的“例”，而不应以“例”统摄不同的“人”“事”。又如“要盟”与“桓盟”不以事实为标准，而以后来书写者秉承的“义”判别。可以说“义”是终极的，“事”是基础的，而“例”是居于“义”“事”之间，作为调系。《春秋》虽是史文，但不描述细节。“事”“义”中必以“例”为纽带。同样，“辞例”虽同但可能“人”“事”不同，这时不能越过“事”而直接以“例”述“义”。

> 隐公四年《经》：“四年，春，王二月，莒人伐杞，取牟娄。”
>
> 范注：“传例曰：‘取，易辞也。’伐国不言围邑，言围邑，皆有所见。伐国及取邑例时，此月者，盖为下戊申卫君完卒日起也。凡例宜时而书月者，皆缘下事当日故也。日必继于月，故不得不书月。事实在先，故不得后录也。他皆放此。”

案《传》言“取，易辞也”凡四见，如下：

> 庄公九年《经》：“九月，齐人取子纠杀之。”《传》：“外不言取。言取，病内也。取，易辞也。犹曰：‘取其子纠而杀之云尔。’十室之邑，可以逃难；百室之邑，可以隐死。以千乘之鲁，而不能存子纠，以公为病矣。”
>
> 昭公二十五年《经》：“十有二月，齐侯取郓。”《传》：“取，易辞也。内不言取，以其为公取之，故易言之也。”
>
> 哀公九年春《经》：“宋皇瑗帅师，取郑师于雍丘。”《传》：“取，易辞也。以师而易取，郑病矣。”
>
> 哀公十三年《经》：“十有三年，春。郑罕达帅师，取宋师于嵒。”《传》：“取，易辞也。以师而易取，宋病矣。”

上面谈了“例”“事”“义”的关系，那么三者具体如何呈现才有效？“取，易辞也”被范宁当作了“例”。当我们根据《传》文仔细分析“易”，可以指明“易”是“事”的抽象概括或总结。如庄公九年的“病内”，是说鲁应可以藏匿子纠，却让齐轻而易举的夺回并杀害了他。昭公二十五年的“为公取”，则是为凸显这是给鲁昭公夺回了郓，尊者夺回被卑者占有的土地，应该是轻而易举的。在两处的“易”中，不仅体现着具体的历史事件，还隐含着某种“义”。我们再反观“取，易辞也”，如果简单地把它当做是“例”，基本上是否定了“例”的有效性。

“取，易辞也”是一个极好的例子，体现了《春秋》的唯一阐释途径，即“例”“事”一体的显“义”方法。首先，《春秋》的前提是春秋时代的事，但我们诠释的是《春秋》文本上的“辞”，这决定了人认识它的唯一方法：在理解《春秋》中任意具体的文句时，“事”与“例”是天然结合的。“取”作为一种“辞”反映不同的“事”，从而体现“义”。“例”“事”“义”在这时统一在《传》所讲的“易”上。所以，仅仅“以例解经”“以事解经”都是不可能实现的。

如上所举，“事”“例”在诠释中不属于同一层次。从《穀梁传》阐释方法来说，在《春秋》文本上最明显的便是“例”，一个“例”衔接“事”以体现“义”，构成了《春秋》解释的全部环节。那么“事”可以直接解释《春秋》的“义”吗？如《左传》记载“郑伯克段于鄢”的《传》文，分前后两段，前段从“初郑武公娶于申”到“五月辛丑，大叔出奔共”，后一段从“遂寘姜氏于城颍”到“君子曰”云云，因脍炙人口，这里不具引。在两段之间有：

> 书曰：“郑伯克段于鄢。”段不弟，故不言弟；如二君，故曰克；称郑伯，讥失教也。谓之郑志。不言出奔，难之也。

当我们只看这一段文字时，可以指出这与《公羊传》《穀梁传》的解说形式并无差别。而这一段中的“例”，也可以说是概括了前一段的事。至于后一段的后续故事，虽表现了颍考叔的“恕”道，的确是儒家的重要思想，但似乎完全与《经》文无关。

前代学者认为《左传》不传经，其中一个重要的根据是《左传》有所谓“有经无传”“无经之传”。如隐公十一年《经》，“秋七月壬午，公及齐侯、郑伯入许”一段，主要是讲述经文所说的史事，“义”的方面主要由两个“君子谓”负责，[36]其《传》文完全可以独立于《经》。《传》并不释《经》，以《公羊传》《穀梁传》的标准，那么该段严格来说并不解《经》，属于“有经无传”。

晚清、民国学者多认为《左传》为刘歆以《国语》或其他史书为基础，增添了一些解经内容（如“五十凡”等）而成的“伪传”。但“伪”应是伪造“左氏”之“传”，而不能据此说《左传》不解经。即便《左传》真的是刘歆改作，在改作后它具备了可以称为“传”的基础，即解经功能，那么，在改作者及传习《左传》的学者眼中，上述这种特殊的“有经无传”是否解经？是如何解《经》的？

杨士勋《春秋穀梁传序》疏引郑玄《六艺论》云：“《左传》善于礼”又杜预《春秋左传序》：“仲尼因鲁史策书成文，考其真伪，而志其典礼，上以遵周公之遗制，下以明将来之法，其教之所存，文之所害，则刊而正之，以示劝诫。”郑玄称《左传》“善于礼”，杜预更将《春秋》视作“志其典礼”之书，较好地解决了《左传》解《经》的合法性问题。广义的“礼”包括“仪礼”与“礼义”，充斥于一切人的活动中。在《左传》中可以通过“君子谓”展示，同样可以通过事件及其中的人物言论展示，那么《左传》中与《经》文有关的“事”都可以说是解《经》了。

但需要指出，“礼”在《左传》解《经》中便分为了两个层次。一是《传》文中具体的“仪礼”与“礼义”，相当于“事”。二是《左传》的传习者“预设”的一种解《经》模式，即察见“礼”是《春秋》的目的。将《春秋》经文背后的“事”与“义”衔接，以成立“以事解经”的有效性。可以说作为“模式”的“礼”仍是宏观的“例”，没有这种预设的“例”，《左传》也不能直接通过说明《经》文的史实，达到解《经》的目的。

对于《公羊传》《穀梁传》，“事”的作用也较大。如《公羊传》旧称“齐学”，清代学者钟文烝曾说：“公羊作《传》多齐言，且其解经多有护齐者”。[37]如钟氏所说，《公羊传》中有齐方言，近代学者多有考证。而《公羊传》“护齐”，如“齐襄复九世之雠而灭纪”“实与齐桓专封”等“非常异义可怪之论”，从“护齐”一点考虑，就可以理解了。[38]

但“护齐”并非绝对，《公羊传》《穀梁传》就具体“事”上有相同、相似者，如僖公十七年“灭项”。[39]有《穀梁传》略贬而《公羊传》不言者，如庄公二十八年“伐卫”。[40]有《穀梁传》不言而《公羊传》略褒者，如闵公二年“齐高子来盟”。[41]有《穀梁传》褒而《公羊传》无《传》者，如庄公三十二年“宋公、齐侯遇于梁丘”。[42]有《穀梁传》美者而《公羊传》不言，如僖公元年“城邢”。[43]有《穀梁传》略贬而《公羊传》褒者，如僖公元年“救邢”。[44]有《穀梁传》贬而《公羊传》略贬者，如僖公四年“执陈袁涛涂”。[45]有《穀梁传》贬而《公羊传》褒者，如僖公十四年“城缘陵”。有《穀梁传》以为“不得志”而《公羊传》以为“大”者，如僖公四年“召陵之盟”。[46]更有《穀梁传》褒而《公羊传》贬者，如“葵丘之盟”，更典型者为庄公三十年“伐山戎”及庄公三十一年“来献戎捷”。[47]

如上，《公羊传》《穀梁传》相较，《公羊传》也有并不一味“护齐”。齐桓公毕竟是《春秋》二百四十二年中最为重要的“外君”，有“九合诸侯，一匡天下”的大功。相对于当时其他君主，儒先偏爱、褒扬他是正常的现象，如《穀梁传》闵纪亡国，不予齐桓公“专封”，只是“护齐（桓公）”的嫌疑较小罢了。《穀梁传》较为强调“尊王”与君主的“正”。“与正不与贤”在全《传》中反复强调，齐桓公非嫡，自桓公即位至卒，《传》文皆强调此事。[48]如“城楚丘”不许齐桓“专封”，并提出“仁不胜道”，则为“尊王”。[49]

《公羊传》《穀梁传》阐释并不太关心细节的“事”，《传》文主要是释《经》者对“事”简单的梳理与评价，因而在“义”上也较为宏观。甚至可以说，《公羊传》《穀梁传》所阐释的《春秋》“大义”就只有若干条，所有的“事”都归向对“义”的申述。这一“义”是“君君臣臣，父父子子”的整体建构，是抓住了孔子思想的“本”。

隐公十一年《经》：十有一年，春，滕侯薛侯来朝。

《左传》：十一年春，滕侯、薛侯来朝，争长。薛侯曰：

“我先封。”滕侯曰：“我，周之卜正也。薛，庶姓也，我不可以后之。”公使羽父请于薛侯曰：“君与滕君辱在寡人。周谚有之曰：‘山有木，工则度之；宾有礼，主则择之。’周之宗盟，异姓为后。寡人若朝于薛，不敢与诸任齿。君若辱贶寡人，则愿以滕君为请。”

上引《左传》一则，乍看来是解释《经》文滕侯、薛侯书写的次第，但这样理解恐怕也是受了《公羊传》《穀梁传》解经方式的影响。仔细分析语义，《左传》只是对事件直书，“争长”与“愿以滕君为请”仅就当时情况而言，“义”在讲明一项“周礼”，与《经》文无关。似乎《经》文只是对该事的简要记载，《左传》更像是将《春秋》作为纲要。上文谈到《左传》解《经》，是具体的“事”当作具体“义”的载体，虽然仍需要“礼”这一整体的“例”作为枢纽，但“事”与“义”的关系的确比《公羊传》《穀梁传》紧密，也可以说与《公羊传》《穀梁传》的目的相反，所有的“义”归向了具体“事”中的“礼”。

如上，《公羊传》《穀梁传》与《左传》虽然在解经环节与方式上有所差别，但都必须是“事”“例”结合以显示“义”的。可以说“以事解经”“以例解经”都不是准确的说法。

除去与《公羊传》《穀梁传》相近的解经内容如“五十凡”等，《左传》以宏观的“礼”作为一种“例”，意味着对“事”的处理可以相对简单的直书。而《公羊传》《穀梁传》记“事”虽简单，却因与“例”结合紧密，转而变得较为复杂了。但《公羊传》《穀梁传》并非是轻忽史事，甚至如《穀梁传》对历史人事的发展还有着整体的关照。

僖公九年《经》：“九月，戊辰，诸侯盟于葵丘。”《传》：“桓盟不日，此何以日？美之也。为见天子之禁，故备之也。葵丘之会，陈牲而不杀，读书加于牲上，壹明天子之禁，曰，毋雍泉，毋讫籴，毋易树子，毋以妾为妻，毋使妇人与国事。”

《公羊传》：“桓之盟不日，此何以日？危之也。何危尔？贯泽之会，桓公有忧中国之心，不召而至者，江人、黄人也。葵丘之会，桓公震而矜之，叛者九国。震之者何？犹曰振振然。矜之者何？犹曰莫若我也。”

如上引，“葵丘之盟”在《穀梁传》“齐桓公时代”尤为突出。首先“桓盟不日”所反映的已属特例，常例当“日”和“桓盟不日”。而特例中又含特例“桓盟不日”而葵丘盟“日”。反正之间，似颇能见《春秋》的精妙。但对比《公羊传》，看起来《公羊传》《穀梁传》无非是在为《春秋》葵丘之盟《经》文书“日”找一个“理由”，各自都可说通。究其根源，差别在于《公羊传》《穀梁传》认同的“事”有异。《穀梁传》以为“葵丘之盟”是好的，当然要为“日”找一个“美”的理由，而《公羊传》觉得“葵丘之盟”“叛者九国”，则必然给“日”找出一个“不美（危）”的理由。

三传 / 传文 / 会盟	《穀梁传》	《公羊传》	《左传》
庄公十三年北杏会	将授而疑。		平宋乱。
庄公十三年柯会	信齐侯。	信始着乎天下。	始及齐平。
庄公十四年鄄会	复同会。		宋服。
庄公十五年鄄会	复同会。		复会，齐始霸。
庄公十六年幽会	同尊周，内外疑。	同欲。	郑成。
庄公十九年幽会	要盟。	安社稷，利国家。	
庄公二十三年扈会		危之，我贰。	

续表

会盟＼传文＼三传	《穀梁传》	《公羊传》	《左传》
庄公二十七年幽会	尊周，授之。		陈、郑服。
僖公二年贯会	诸侯皆来至。	莫敢不至。	服江黄。
僖公三年阳谷会	诸侯皆谕桓公志。	无障谷、贮粟、易树子、以妾为妻。	谋伐楚。
僖公四年召陵盟	桓公实不得志。	王者之事。	
僖公五年首戴会	尊王世子。	王世子贵。	
僖公五年首戴盟	尊王世子，变之正。	一事再见。	谋宁周。
僖公七年首宁母会	衣裳会。		谋郑故。
僖公八年首洮会	兵车会。		谋王室，郑请服。
僖公九年葵丘盟	美之。陈牲而不杀，读书加于牲上，壹明天子之禁，曰：毋雍泉，毋讫籴，毋易树子，毋以妾为妻，毋使妇人与国事。	危之。桓公震而矜之，叛者九国。	寻盟，且修好。（宰孔：“齐侯不务德而勤远略。”）
僖公十三年咸会	兵车会。		淮夷病杞，且谋王室。
僖公十四年城缘陵	桓德衰。	文不许而实许齐桓专封。	不书其人，有阙。
僖公十五年牡丘会	兵车会。		寻葵丘之盟，救徐。
僖公十六年淮会	兵车会。		谋鄫，且东略。

上为“三传”齐桓公时代会盟表。可以看出，“三传”所据“史实”是不同的。如以“葵丘之盟”为例，《穀梁传》褒美（其部分内容却见于《公羊传》的阳谷之会），《公羊传》以为“危”，而《左传》却以为寻旧盟而已。周季遗存文献对“葵丘之盟”也多有记载，如《国语·晋语》有宰孔遇晋献公事，近同《左传》。《战国策·秦策》有蔡泽语，说葵丘之会桓公有“骄矜之色”，说同《公羊传》（并为《史记》采用）。《孟子·告子下》记桓公之盛，有“五命”，褒扬似同《穀梁传》。且《公羊传》《穀梁传》在这些会盟事上，都偶有与《左传》相合者。以往学者多以为《左传》记事较为准确、明晰，以此标准判定《公羊传》《穀梁传》与之相悖处，是不知史实而误。从以上表列三十余年的会盟看，《公羊传》《穀梁传》似乎并非如上文谈到的，是给某个“辞例”找一个“理由”，大抵也是根据史料给予评介。战国对春秋史实传闻不同是正常现象，故《公羊传》《穀梁传》所用史料，也不应轻易怀疑。

因据“史料”的差异，“三传”对齐桓公兴衰大势见解不同。《穀梁传》自庄公十三年“疑”到二十七年始“授”，其间渐盛，到僖公九年的“葵丘会盟”达到顶峰，僖公十四年衰。《公羊传》以为庄公十三年桓公便得信天下，僖公三年为“大会”，四年为“王者之事”，可以算作桓公功绩顶峰。僖公九年“葵丘会盟”有叛者，但没有提及桓德的“衰”。《左传》以为庄公十五年“始霸”，其后兴衰并无刻意评价，只是偶借事中人如宰孔之口评述。又“三传”关注点不同，《穀梁传》较注重会的形式，俱列“衣裳”“兵车会”，而《左传》更重内容，如某国“服”，“谋”何事。《公羊传》则相对随意。

可以说“三传”之中，对齐桓公兴衰大势最具意识的是《穀梁传》。但就这一情况，凸显出一个问题。如庄公二十七年“幽会”才授齐桓公以“伯”，此前多是“疑”，那何故庄公十三年便“信”

齐侯而“不日”，似乎又成了矛盾。

这一问题在前文谈到“桓盟”与“要盟”时，已做出解释。案鲁史《春秋》与孔子《春秋》一大差别在于，鲁史应是当时所记，孔子述《春秋》则是后来视角，《穀梁传》作为一种“传记”更是追加评释。如《穀梁传》以为僖公十四年桓德衰，为何不是十二年时“楚人灭黄”桓公不能救？为何不以庄公二十八年伐卫便是衰，而只是“微之”？是盛、衰的意见，皆出于后人对史实的回顾，如此才出现了“三传”的异同，且出现了这种“信”与“疑”共在一段时间的“矛盾”。在当时，《传》言诸侯“疑”，而后来观之已属“信”，故而不“日”。

故“例”必被这种后来者视野中的“史”所驱使。而《穀梁传》相比《左传》《公羊传》又有全局的“史观”，关注点也较为集中，创作者或书写者在“史”的运用上，也是比较精心的。这也是《穀梁传》中“史”的意义所在，研究者应与以留意。

注释：

〔1〕黄永年：《古文献学讲义》，上海：中西书局，2014年，第21页。

〔2〕洪诚：《洪诚文集》，南京：江苏古籍出版社，2000年，第198页。

〔3〕详见顾颉刚、刘起釪：《春秋、三传及国语之综合研究》，成都：巴蜀书社，1988年，第4－21页。

〔4〕详见杨伯峻：《春秋左传注》，北京：中华书局，2009年，第1－22页。

〔5〕详见杨伯峻：《春秋左传注》，北京：中华书局，2009年，第16页。

〔6〕赵伯雄：《春秋学史》，济南：山东教育出版社，2014年，第1－9页。

〔7〕赵伯雄：《春秋学史》，济南：山东教育出版社，2014年，第5页。

〔8〕［宋］朱熹：《四书章句集注》，北京：中华书局，2005年，第295页。

〔9〕［宋］朱熹：《四书章句集注》，北京：中华书局，2005年，第272页。

〔10〕文中两处“作”的用法也有不同：第一处“《诗》亡然后《春秋》作”，“作”为兴起之意，指诸侯国的史记兴起；第二处“孔子惧，作《春

秋》”中的“作”，才是真正明确孔子作《春秋》。

〔11〕详见［清］俞樾：《群经平议》，《续修四库全书》第178册，上海：上海古籍出版社，2002年，第537页。

〔12〕［汉］司马迁：《史记》卷130《列传第七十·太史公自序》，北京：中华书局，2013年，第3975页。

〔13〕［汉］司马迁：《史记》卷130《列传第七十·太史公自序》，北京：中华书局，2013年，第3976页。

〔14〕“王鲁”出于《春秋繁露·三代改制质文》，学者或以为是两汉之际“公羊家”作。因与论述并无冲突，不再申论真伪。

〔15〕［汉］司马迁：《史记》卷130《列传第七十·太史公自序》，北京：中华书局，2013年，第3976页。

〔16〕傅亚庶：《孔丛子校释》，北京：中华书局，2011年，第373页。

〔17〕［清］陈士珂：《孔子家语疏证》，上海：上海书店，1987年，第43页。原书句读皆用“.”，引文标点符号为笔者改、添。

〔18〕详见向宗鲁：《说苑校证》，北京：中华书局，2011年，第31页。

〔19〕孙启治：《中论解诂》，北京：中华书局，2014年，第261页。

〔20〕［清］阮元等校刻：《十三经注疏》，北京：中华书局，2013年，第3699页。

〔21〕［汉］班固：《汉书》卷75《传第四十五·夏侯胜传》，北京：中华书局，2002年，第3159页。

〔22〕张沛：《中说校注》，北京：中华书局，2013年，第111页。

〔23〕［唐］李延寿：《北史》卷81《列传第六十九·儒林上》，北京：中华书局，2003年，第2709页。原书作“《尚书》、《周易》”，据本书标点符号使用方式，删去“、”。以下相似情况同，不再说明。

〔24〕［宋］黎靖德：《朱子语类》卷34，北京：中华书局，2011年，第855页。

〔25〕［宋］黎靖德：《朱子语类》卷55，北京：中华书局，2011年，第1318页。

〔26〕［宋］黎靖德：《朱子语类》卷83，北京：中华书局，2011年，第2148页。

〔27〕邓艾民：《传习录注疏》，上海：上海古籍出版社，2014年，第18页。

〔28〕邓艾民：《传习录注疏》，上海：上海古籍出版社，2014年，第19页。

〔29〕邓艾民：《传习录注疏》，上海：上海古籍出版社，2014 年，第 22 页。

〔30〕陈垣：《日知录校注》，合肥：安徽大学出版社，2013 年，第 159 页。

〔31〕详见陈垣：《日知录校注》，合肥：安徽大学出版社，2013 年，第 160－161 页。

〔32〕［汉］班固：《汉书》卷 88《传第五十八·儒林传》，北京：中华书局，2002 年，第 3603 页。

〔33〕《公羊传》《穀梁传》也有详细描述史实的传文，但每每与《左传》也有较大差异。如此，似乎不该说《公羊传》《穀梁传》的史实是错误的，《左传》才是信史，也不可以因《史记》等载籍的引用而认同《左传》。在没有《公羊传》《穀梁传》对比时，如“锄麑触槐而死”之类，《左传》史实的可信度有多少，也值得怀疑。

〔34〕本书引文中的《传》皆指《穀梁传》。

〔35〕《公羊传》：“何以不日？易也。其易奈何？桓之盟不日。其会不致，信之也。其不日何以始乎此？庄公将会乎桓，曹子进曰：‘君之意何如?’庄公曰：‘寡人之生，则不若死矣。’曹子曰：‘然则君请当其君，臣请当其臣。’庄公曰：‘诺。’于是会乎桓。庄公升坛，曹子手剑而从之。管子进曰：‘君何求乎?’曹子曰：‘城坏压竟，君不图与?’管子曰：‘然则君将何求?’曹子曰：‘愿请汶阳之田。’管子顾曰：‘君许诺。’桓公曰：‘诺。’曹子请盟，桓公下与之盟。已盟，曹子摽剑而去之。要盟可犯，而桓公不欺。曹子可雠，而桓公不怨。桓公之信着乎天下，自柯之盟始焉。”《管子》等书亦载此事，不俱引。

〔36〕君子谓：“郑庄公于是乎有礼。礼，经国家，定社稷，序民人，利后嗣者也。许无刑而伐之，服而舍之，度德而处之，量力而行之，相时而动，无累后人，可谓知礼矣。”又，君子谓：“郑庄公失政刑矣。政以治民，刑以正邪，既无德政，又无威刑，是以及邪。邪而诅之，将何益矣!”

〔37〕［清］钟文烝：《春秋穀梁传补注》，北京：中华书局，2009 年，第 27 页。

〔38〕“复仇”是为襄公讳，“专封”甚至是以齐桓公为天子了。

〔39〕僖公十七年《经》：“夏，灭项。”《传》：“孰灭之？桓公也。何以不言桓公也？为贤者讳也。项，国也，不可灭而灭之乎？桓公知项之可灭也，而不知己之不可以灭也。既灭人之国矣，何贤乎？君子恶恶，疾其始；善善，乐其终。”《公羊传》：“孰灭之？齐灭之。曷为不言齐灭之？为桓公讳也，《春秋》为贤者讳。此灭人之国，何贤尔？君子之恶恶也疾始，善善也乐终。桓公尝有

继绝存亡之功，故君子为之讳也。”

〔40〕庄公二十八年《经》：“二十有八年，春，王三月，甲寅。齐人伐卫。卫人及齐人战，卫人败绩。”《传》：“于伐与战，安战也？战卫，战则是师也。其曰人，何也？微之也。何为微之也？今授之诸侯，而后有侵伐之事，故微之也。其人卫，何也？以其人齐，不可不人卫也。卫小齐大，其以卫及之，何也？以其微之，可以言及也。其称人以败，何也？不以师败于人也。”《公羊传》：“伐不日，此何以日？至之日也。战不言伐，此其言伐何？至之日也。《春秋》伐者为客，伐者为主，故使卫主之也。曷为使卫主之？卫未有罪尔。败者称师，卫何以不称师？未得乎师也。”又如闵公元年《经》：“冬，齐仲孙来。”《传》：“其曰齐仲孙，外之也。其不目而曰仲孙，疏之也。其言齐，以累桓也。”《公羊传》：“齐仲孙者何？公子庆父也。公子庆父，则曷为谓之齐仲孙？系之齐也。曷为系之齐？外之也。曷为外之？《春秋》为尊者讳，为亲者讳，为贤者讳。子女子曰：‘以《春秋》为《春秋》，齐无仲孙，其诸吾仲孙与？’”

〔41〕闵公二年《经》：“冬，齐高子来盟。”《传》：“其曰来，喜之也。其曰高子，贵之也。盟立僖公也。不言使，何也？不以齐侯使高子也。”《公羊传》：“高子者何？齐大夫也。何以不称使？我无君也。然则何以不名？喜之也。何喜尔？正我也。其正我奈何？庄公死，子般弑，闵公弑。比三君死，旷年无君。设以齐取鲁，曾不兴师，徒以言而已矣。桓公使高子将南阳之甲，立僖公而城鲁。或曰自鹿门至于争门者是也，或曰自争门至于吏门者是也。鲁人至今以为美谈，曰：‘犹望高子也。’”

〔42〕庄公三十二年《经》：“夏，宋公、齐侯遇于梁丘。”《传》：“遇者，志相得也。梁丘在曹、邾之间，去齐八百里。非不能从诸侯而往也，辞所遇，遇所不遇，大齐桓也。”又如僖公四年《经》：“夏，许男新臣卒。”《传》：“诸侯死于国，不地。死于外，地。死于师，何为不地？内桓师也。”

〔43〕僖公元年《经》：“（夏）齐师、宋师、曹师城邢。”《传》：“是向之师也，使之如改事然，美齐侯之功也。”《公羊传》：“此一事也，曷为复言齐师、宋师、曹师？不复言师，则无以知其为一事也。”

〔44〕僖公元年《经》：“（春）齐师、宋师、曹师次于聂北，救邢。”《传》：“救不言次，言次非救也。非救而曰救，何也？遂齐侯之意也。是齐侯与？齐侯也。何用见其是齐侯也？曹无师。曹师者，曹伯也。其不言曹伯，何也？以其不言齐侯，不可言曹伯也。其不言齐侯，何也？以其不足乎扬，不言齐侯也。”《公羊传》：“救不言次，此其言次何？不及事也。不及事者何？邢已亡矣。孰

亡之？盖狄灭之。曷为不言狄灭之？为桓公讳也。曷为为桓公讳？上无天子，下无方伯，天下诸侯有相灭亡者，桓公不能救，则桓公耻之。曷为先言次而后言救？君也。君则其称师何？不与诸侯专封也。曷为不与？实与而文不与。文曷为不与？诸侯之义，不得专封也。诸侯之义，不得专封，则其曰实与之何？上无天子，下无方伯，天下诸侯有相灭亡者，力能救之，则救之可也。”

〔45〕僖公四年《经》：“（夏）齐人执陈袁涛涂。”《传》：“齐人者，齐侯也。其人之，何也？于是哆然外齐侯也，不正其踰国而执也。”《公羊传》：“涛涂之罪何？辟军之道也。其辟军之道奈何？涛涂谓桓公曰：‘君既服南夷矣，何不还师滨海而东，服东夷且归。’桓公曰：‘诺。’于是还师滨海而东，大陷于沛泽之中，顾而执涛涂。执者曷为或称侯，或称人？称侯而执者，伯讨也。称人而执者，非伯讨也。此执有罪，何以不得为伯讨？古者周公，东征则西国怨，西征则东国怨。桓公假涂于陈而伐楚，则陈人不欲其反由己者，师不正故也。不修其师而执涛涂，古人之讨，则不然也。”

〔46〕僖公四年《经》：“（夏）楚屈完来盟于师，盟于召陵。”《传》：“楚无大夫，其曰屈完，何也？以其来会桓，成之为大夫也。其不言使，权在屈完也。则是正乎？曰，非正也。以其来会诸侯，重之也。来者何？内桓师也。于师，前定也。于召陵，得志乎桓公也。得志者，不得志也。以桓公得志为仅矣。屈完曰：‘大国之以兵向楚，何也？’桓公曰：‘昭王南征不反，菁茅之贡不至，故周室不祭。’屈完曰：‘菁茅之贡不至，则诺。昭王南征不反，我将问诸江。’”《公羊传》：“屈完者何？楚大夫也。何以不称使？尊屈完也。曷为尊屈完？以当桓公也。其言盟于师、盟于召陵何？师在召陵也。师在召陵，则曷为再言盟？喜服楚也。何言乎喜服楚？楚有王者则后服，无王者则先叛，夷狄也。而亟病中国，南夷与北狄交，中国不绝若线。桓公救中国，而攘夷狄，卒怗荆，以此为王者之事也。其言来何？与桓为主也。前此者有事矣，后此者有事矣，则曷为独于此焉？与桓公为主，序绩也。”

〔47〕庄公三十年《经》：“齐人伐山戎。”《传》：“齐人者，齐侯也。其曰人，何也？爱齐侯乎山戎也。其爱之何也？桓内无因国，外无从诸侯，而越千里之险，北伐山戎，危之也。则非之乎？善之也。何善乎尔？燕，周之分子也。贡职不至，山戎为之伐矣。”《公羊传》：“此齐侯也，其称人何？贬。曷为贬？子司马子曰：‘盖以操之为已蹙矣。’此盖战也，何以不言战？《春秋》敌者言战，桓公之与戎狄，驱之尔。”庄公三十一年《经》：“六月，齐侯来献戎捷。”《传》：“齐侯来献捷者，内齐侯也。不言使，内与同，不言使也。”《公羊传》：

“齐大国也，曷为亲来献戎捷？威我也。其威我奈何？旗获而过我也。”

〔48〕庄公九年《经》：“（夏）齐小白入于齐。”《传》：“大夫出奔反，以好曰归，以恶曰入。齐公孙无知弑襄公，公子纠、公子小白不能存，出亡。齐人杀无知，而迎公子纠于鲁。公子小白不让公子纠，先入，又杀之于鲁，故曰‘齐小白入于齐’，恶之也。”僖公十七年《经》：“冬，十有二月，乙亥，齐侯小白卒。”《传》：“此不正，其日之，何也？其不正前见矣。其不正之前见何也？以不正入虚国，故称嫌焉尔。”

〔49〕僖公二年《经》：“二年，春，王正月，城楚丘。”《传》：“楚丘者何？卫邑也。国而曰城，此邑也，其曰城，何也？封卫也。则其不言城卫，何也？卫未迁也。其不言卫之迁焉，何也？不与齐侯专封也。其言城之者，专辞也。故非天子不得专封诸侯。诸侯不得专封诸侯，虽通其仁，以义而不与也。故曰：仁不胜道。”

《春秋穀梁传》“发问”刍议

《穀梁传》与《公羊传》同为阐释孔子《春秋》的著作，其文体结构为“问答式”的，似乎前人对此并未提出过异议。关于这种“问答式”所包含的诸多问题，更不如中、西方古典文学，如诗赋、民歌中对答模式有着较为深入研究。这种情况并非偶然，一是在学史研究中，学者们的关注点常在《穀梁传》的撰写者、学术渊源及影响等方面，还有《穀梁传》与《公羊传》成书先后这样缺乏史料而又特别关键的问题。相较于此，“问答”问题则显得无关紧要。二是《穀梁传》虽然未提供什么特别重要的独特思想，但文体形式的问题也远远不及思想研究重要，即便是纤微必较的“经师”与文献学家，也很少关注这一问题。但可以说，这是忽略了《公羊传》《穀梁传》研究的一个重要基础。以下就《穀梁传》的“发问”，试作刍议。

一

对于《穀梁传》，“问答体”就应是首先重新审视的问题。在人们印象中，《穀梁传》《公羊传》是相同的体裁，而其实有所差别。隐公元年《经》：“元年，春，王正月”，《穀梁传》《公羊传》对《经》的解释无疑是二传中最为重要的一段，故以此为例进行展示：

《公羊传》：元年者何？君之始年也。春者何？岁之始也。

王者孰谓？谓文王也。曷为先言王而后言正月？王正月也。何言乎王正月？大一统也。公何以不言即位？成公意也。何成乎公之意？公将平国而反之桓。曷为反之桓？桓幼而贵，隐长而卑，其为尊卑也微，国人莫知。隐长又贤，诸大夫扳隐而立之。隐于是焉而辞立，则未知桓之将必得立也。且如桓立，则恐诸大夫之不能相幼君也，故凡隐之立为桓立也。隐长又贤，何以不宜立？立适以长不以贤，立子以贵不以长。桓何以贵？母贵也。母贵则子何以贵？子以母贵，母以子贵。

《穀梁传》：虽无事，必举正月，谨始也。公何以不言即位？成公志也。焉成之？言君之不取为公也。君之不取为公何也？将以让桓也。让桓正乎？曰不正。《春秋》成人之美，不成人之恶。隐不正而成之何也？将以恶桓也。其恶桓何也？隐将让而桓弑之，则桓恶矣。桓弑而隐让，则隐善矣。善则其不正焉何也？《春秋》贵义而不贵惠，信道而不信邪。孝子扬父之美，不扬父之恶。先君之欲与桓，非正也，邪也。虽然，既胜其邪心以与隐矣。已探先君之邪志，而遂以与桓，则是成父之恶也。兄弟，天伦也。为子受之父，为诸侯受之君。已废天伦而忘君父，以行小惠，曰小道也。若隐者，可谓轻千乘之国，蹈道则未也。

如上，对这段经文的阐释，《穀梁传》字数是明显多于《公羊传》的。但就“发问”来说，《公羊传》十一次而《穀梁传》为七次。《公羊传》从行文开始就以“发问”的形式层层推进，而《穀梁传》则开始于直接阐释，并未始终坚持“问答”。

以隐公元年至十一年的传文来统计，《公羊传》无一不是以发问而起，而《穀梁传》以直释传文开始的阐释有四十余则，远远多于“起于发问”者。甚至有很多传文没有“发问”形式。

非起于“发问”的情况在《公羊传》中也有出现，如庄公二十三年《经》：“二十有三年，春，公至自齐。”《穀梁传》：“桓之盟不日，其会不致，信之也。此之桓国何以致？危之也。何危尔？公一陈佗也。”这一则是没有以“发问”开始的，但数目极少，句读无争议者似乎只此一例而已。[1]更不必说整则传文没有问句的情况了。

由此可见，《公羊传》的确是严格“问答体”的释经著作。而《穀梁传》全文，直释《经》文的条目远远多于问答阐释的条目。如此，则可以下一个准确的定义：《穀梁传》当是以直接解释为主，以问答为辅，阐释《春秋》经义的著作。

《穀梁传》《公羊传》在体裁上的差异所带来的问题更多的是指向《穀梁传》的。如果说《公羊传》较为严格的遵照着“问答”式的书写方式，则在文本组织上便可以认为是书写者刻意为之的。也就是说不必过多考虑这种“问答式”的目的（如行文方便、清晰等），书写一律以“问答”为准则便可以了。而《穀梁传》时而直接阐释，时而又以问答阐释，形式不统一，其原因令人费解。主要问题在于，《穀梁传》有非问答体的倾向，为何不完全采用直叙的方式呢？

> 隐公元年《经》：“三月，公及邾仪父盟于眛。”《传》：“及者何？内为志焉尔。仪，字也。父，犹傅也，男子之美称也。其不言邾子何也？邾之上古微，未爵命于周也。不日，其盟渝也。眛，地名也。”

上引一段传文，我们将它用一种直接叙述的方式进行改编：“及者，内为志焉尔。仪，字也。父，犹傅也，男子之美称也。邾之上古微，未爵命于周也，故不言邾子。不日，其盟渝也。眛，地名也。”这种去除“问答”的改编与原文无多差异，但如上文所引

“元年，春，王正月”的传文：

> 公何以不言即位？成公志也。焉成之？言君之不取为公也。君之不取为公何也？将以让桓也。让桓正乎？曰不正。

我们可以将其转译为：“不言即位，成公志也。言君之不取为公，将以让桓也，而不正”或“不言即位，公不正，成其将让桓之志”等形式。以这两种转译结果为例，相较于原文，的确简约。但不似原文层层推进，而觉得较为深刻，没有能突出一些观点。这类情况，与原文相比直述的方式是优是劣，那就是仁者见仁，智者见智的事情了。但“问答体”，在某些行文过程中确实较直接阐释有优势：

> 僖公元年《经》：“冬，十月，壬午，公子友帅师，败莒师于丽，获莒挐。”《传》：“莒无大夫，其曰莒挐，何也？以吾获之目之也。内不言获，此其言获何也？恶公子之绐。绐者奈何？公子友谓莒挐曰：‘吾二人不相说，士卒何罪。’屏左右而相搏。公子友处下，左右曰：‘孟劳’。孟劳者，鲁之宝刀也，公子友以杀之。然则何以恶乎绐也？曰弃师之道也。”

在上引一则传文中，问“获”、问“何以恶乎绐”皆不是自然承接前言，而是关于经文阐释的突然转折，采取“问答”方式更有利于行文的安排。

《穀梁传》文本书写者采用直释为主问答为辅的行文方式，或是考虑到两种形式的优、缺点。如果《穀梁传》定本出在《公羊传》之先，则有可能是无意识的较随意的书写。但近代学者多认为《穀梁传》写定在《公羊传》后，因《穀梁传》中有引用和驳斥《公羊传》观点之处。那么《穀梁传》的书写者或修订者一定关照到了《公羊传》这种完全问答式的书写形式。其直释为主问答为辅的行文方式也应并非是随意书写的，而是在《公羊传》的基础上有所改进，可视为释经文体的一种"演进"。

二

再从发问者的角色看，《公羊传》《穀梁传》文献写定前的口传时间或很长。这种文献中的问答可能是传授形式的残余。但问题是，今天我们看到的文本中的"问答"，是由一个人完成的，还是确为传授中的对答？

> 子之所言者，牲之变也，而曰我一该郊之变而道之，何也？我以六月上甲始庀牲，十月上甲始系牲。十一月、十二月牲虽有变，不道也。

上引为《穀梁传》哀公元年一段传文，其中的"子"与"我"，似是显示了传问答是实有一对师徒，而这一段是徒弟的问话。但书写者采用"问答体"则是另一回事，不论传文是一次书写完成还是多次润色成今本的样子，书写者始终是个体，行文中的"问答"则是一个人书写成的。这便涉及传文中"发问者"所承担的角色问题。

在上文所举"元年，春，王正月"的传文中，"发问者"明显也承担着阐释《春秋》的任务。如"《春秋》成人之美，不成人之恶"，因后与问题"隐不正而成之，何也"相关，与前答者所言"不正"无关，可以确定是"发问者"所言。"发问者"标举"《春秋》大义"，这种情况是《公羊传》也没有的，可以证明《穀梁传》中的"发问者"对《春秋》已经有了一定认识。

《公羊传》《穀梁传》的“发问”有相同的情况，本文权将“发问”分为“无条件的发问”及“有条件的发问”两种。

> 隐公元年《经》：“元年，春，王正月。”《公羊传》：“元年者何？君之始年也。”
>
> 隐公元年《经》：“三月，公及邾仪父盟于眛。”《穀梁传》：“及者何？内为志焉尔。”

以上两则，皆属于“无条件的发问”，其传文都是根据《经》文上的用字而提问。不涉及任何前提，也就是提问者面对《经》文是“无知”的。

> 隐公元年《经》：“元年，春，王正月。”《公羊传》：“公将平国而反之桓。曷为反之桓？桓幼而贵，隐长而卑，其为尊卑也微，国人莫知。隐长又贤，诸大夫扳隐而立之。隐于是焉而辞立，则未知桓之将必得立也。且如桓立，则恐诸大夫之不能相幼君也，故凡隐之立为桓立也。”
>
> 隐公元年《经》：“元年，春，王正月。”《穀梁传》：“（成公志也。）焉成之？言君之不取为公也。君之不取为公何也？将以让桓也。”

以上两则，亦属于“无条件的发问”。传文中的发问，皆是承接前面传文而来，如《公羊传》的“曷为反之桓”，便是因“公将平国而反之桓”而发。“发问者”根据回答中的辞句提出一个新的问题，他对回答者的辞句同样是“无知”的。

> 隐公元年《经》：“夏，五月，郑伯克段于鄢。”《公羊传》：

“（其地何?）当国也。齐人杀无知何以不地？在内也。在内，虽当国，不地也。不当国，虽在外，亦不地也。”

隐公元年《经》：“夏，五月，郑伯克段于鄢。”《穀梁传》：“于鄢，远也，犹曰取之其母之怀中而杀之云尔，甚之也。然则为郑伯者宜奈何？缓追逸贼，亲亲之道也。”

以上两则，亦属于“无条件的发问”，其发问是参考前后传文，提出一个与此相关的问题。如《公羊传》中的“齐人杀无知，何以不地”，我们可以参照庄公九年《经》文提出这个问题，而《穀梁传》“然则为郑伯者宜奈何”则是综合前面传文，提出了一个感性的，且疑惑又无关《经》文的新问题。

以上将“无条件的发问”略分为三类，其性质较为单纯。而“有条件的发问”，指“发问者”在发问前已具备一些关于《春秋》或传文的认识，如前举“《春秋》成人之美，不成人之恶”一例，发问者已经知道了“《春秋》大义”。又如隐公元年《经》，“元年，春，王正月”，《穀梁传》及《公羊传》都提出“公何以不言即位?”这样的问题是毫无凭籍的，其“发问”是据“公当言即位”这一条件。虽然《经》文在其他一些“公”那里言“即位”，但与上文提到《公羊传》中的“齐人杀无知何以不地”不同的是，“齐人杀无知”是只参考一条《经》文，“公当言即位”还要解决“书即位”为“正例”，还是“不书即位”为“正例”的问题。是参考了十二公《经》文，还预先知道《春秋》所书“正例”的标准。

如这种“有条件的发问”，决定了《穀梁传》与《公羊传》中“发问者”所承担阐释《春秋》的角色，从中也体现出《公羊传》《穀梁传》二传书写者，在阐释前已经预设好的一些已知“传例”及“传义”，或是书写者的关注点与释经方法。在文章开头谈到以往研究者“忽略了《公羊传》《穀梁传》研究的一个重要基础”，即指此。

当然，前人也发现了这样“有条件的发问”，但大多以为是根据传文而推衍出的。

> 隐公元年《经》：“元年，春，王正月。”《公羊传》：“曷为先言王而后言正月？”何卲公注：“据下‘秋，七月，天王’，先言月而后言王。”
>
> 隐公元年《经》：“元年，春，王正月。”《穀梁传》：“公何以不言即位？”范宁注：“据文公言即位。”杨士勋疏：“不据桓公者，文公继正即位，正也；桓继故即位非正，故不据之。”

崇信经典的先师往往以为传无虚发，故将每个“发问”都找出其发问的缘由。即从相关《经》文入手，不考虑角色的身份，以为“发问者”对《经》文已有整体且细密的认识。以上举何休及范宁两例，《公羊传》一则稍为迂执，此处不论。《穀梁传》隐公不言即位（此说范宁也应是采自何卲公注《公羊传》），不据桓公发而据文公，则以为“发问者”据例当据“正例”。这是将传也如同《经》一样，是一种“圣典化”的处理方式。以为传言必有据，且自有一套精密的阐释“系统”。

如上所述，前人对《穀梁传》中的“发问”已有探究，不过这种探求，是基于认同“传记”是绝对正确与完满下进行的。他们未对“发问”作过合理的区分，更未对较为复杂的“有条件的发问”做过全面梳理。而这一工作有其必要性。

首先，如上文谈到的，“有条件的发问”意味着在《穀梁传》解经时，这些前提是不需论证的解经基础。学者往往只关注传中“回答”的部分，并不了解《穀梁传》作者在解经前已具备了哪些对《经》文“想当然”的认识。而这种“想当然”为什么会出现，也是重要的问题。

第二，“回答”部分可以看出《穀梁传》的解经视角与方法，而“发问”尤其是“有条件的发问”往往可以分析出“回答”部分无法看出的解经方法。如上文提到何休与范宁在注释中确认“发问者”对《经》文已有整体的认识这一点，则显示出《穀梁传》的传习者在对比中分析经文的方法（虽然经师的方法未必合于《穀梁传》文本创作、书写者本意，但却为我们作了相关的提示）。

第三，上文曾引哀公元年传文证明《穀梁传》文本将问、答双方表述为两人。若为两人，双方已具备的认识当是不同的。对“有条件的发问”进行探索，可以看出文本上这个独立的“发问者”到底对《穀梁传》有多深的认识，又发挥什么样的作用。从这一点出发，又可对今日所见《穀梁传》文本有一个更清晰的认识。

解决上述问题，首先应明确的是传文的句读。“有条件的发问”之所以存在句读问题，是因为“条件”有与发问句在同一句话中表达的情况，也有用多句表达的情况。

> 隐公三年《经》：“三月，庚辰，天王崩。”《传》：“其不名，何也?”

如上，“其不名，何也”，虽然这里用一个逗号隔开（亦可不用），其仍然是一个不可拆分的句子。可以认定，“发问者”是具备一个“条件”而问，条件给予“发问者”的提示是似乎应“名”，此是“发问者”前提所知。

> 庄公五年《经》：“冬，公会齐人、宋人、陈人、蔡人伐卫。”《传》：“是齐侯、宋公也。其曰人，何也?”

这个“发问”，似是由两个句子完成。“是齐侯、宋公也”一句，确实无法判断为“发问者”所说或是直接阐释《传》的文字。此类应存疑。而确有可以判断的，如：

> 桓公二年《经》：“及其大夫孔父。”《传》：“孔父先死。其曰及，何也？”又《传》：“孔父之先死，何也？”

据后一个问题可知“发问者”并不清楚“孔父先死”的史实，“孔父先死”当是回答者直释《传》文，而发问者随之发问。否则，发问者知道“孔父先死”，而又问为什么“孔父先死”，是“明知故问”。近人往往忽略这一问题，而错误标点。[2]

问题有多个句子，也有可以判断确为“发问者”一人完成的：

> 僖公四年《经》：“夏，许男新臣卒。”《传》：“诸侯死于国，不地；死于外，地。死于师，何为不地？”

“诸侯死于国，不地；死于外，地”两句与此则《经》文无关，不像上一则“孔父先死”一样，能直接阐释《经》文问题，而只可能为了引出问题。两句是作为发问者提问的依据出现的，当判断为发问者所说。

> 襄公十九年《经》：“（春）公至自伐齐。”《传》：“《春秋》之义，已伐而盟复伐者则以伐致，盟不复伐者则以会致。祝柯之盟，盟复伐齐与？”

案《经》文未有“祝柯之盟”后再次伐齐的记载，而“已伐而盟复伐者则以伐致，盟不复伐者则以会致”未能解决这个问题，故是作为前提而引出问题（祝柯之盟，盟复伐齐与?）的，可以判断，"条件"与问题，皆是"发问者"完成的。

如上所述，在分析"有条件的发问"中，这类由两个部分完成的，第一部分的"直释"若与经文相关，承担一部分解释《经》文的内容，是否为"发问者"一人完成当存疑。[3]如不直释《经》文，只作为引出问题的条件，以常理推测，应视为"发问者"所说。

第二应明确"有条件的发问"，其"条件"的价值。

> 僖公四年《经》："夏，许男新臣卒。"《传》："诸侯死于国，不地；死于外，地。死于师，何为不地?"
>
> 桓公十八年《经》："冬，十有二月，己丑，葬我君桓公。"《传》："君弑，贼不讨不书葬。此其言葬，何也?"

第一例，"诸侯死于国，不地；死于外，地"两句，作为发问者的条件，是桓公十八年《传》文"其地，于外也"（解释《经》："公薨于齐"）而来的。[4]"诸侯死于国，不地；死于外，地"作为发问的"条件"，是前《传》文已明确了的，非"发问者"自明。第二例，"发问者"知"贼不讨不书葬"，是据隐公十一年《传》谓："君弑贼不讨，不书葬"。以上两例，发问的"条件"曾在前《传》文出现，这样的"有条件的发问"，价值不高。

> 隐公元年《经》："元年，春，王正月。"《传》："《春秋》成人之美，不成人之恶。"

"《春秋》成人之美，不成人之恶"上文曾谈到应归属于"发问者"，也就是为了引出"隐不正而成之，何也"这个问题的，据此可知"发问者"已明晰"《春秋》之义"。这是较有价值的"有条件的发问”，从此则看，文本中“发问者”并非对《春秋》没有认识，还可以谈些“大义”。

三

在上述讨论的基础上，下面就有价值并可确定为“有条件的发问”作归纳研究：

1. 据似应书者不书

> 隐公元年《经》：“元年，春，王正月。”《传》：“公何以不言即位？”

此例上文已提及，何卲公等以为据文公继正即位，案桓公元年《经》文已言“公即位”。不论是经学家所拟的“继正”说，还是直据《春秋》十二公有言即位者，皆是据同类经文它处有而此处无，似应书而不书发问。[5]

2. 据似不应书者书

> 隐公三年《经》：“夏，四月，辛卯，尹氏卒。”《传》：“外大夫不卒，此何以卒之也？”

“外大夫不卒”，首发于“发问者”，《春秋》内大夫书卒多，诸侯外大夫书卒，《经》文只见几处。“发问者”根据经文，并依理推求而得出“外大夫不卒”的条件。《春秋》详内略外，重尊而轻卑作为一种“常识”，“外大夫不卒”即是以这一学理推求得出的。而本当略、轻者出现在《经》文中，“发问者”则根据这一情况“发问”。据同类《经》文它处无而此处有的“似不应书者书”发问，在"有条件的发问"中数量不少，但所问话题并不多，且方法多如此。

与"外大夫不卒"相类的，[6]还有外夫人不卒、内女不卒、奔大夫不卒等。[7]另问"外"者有外灾、外释、外相如等，[8]浅事如媵、筑，[9]常事如亲迎[10]，卑者如两下相杀[11]。另如庄公六年《经》："秋，公至自伐卫。"《传》："恶事不致，此其致，何也？"则根据公"至"多自会盟、义伐等，恶事如隐公七年"公伐邾"则不至。[12]

3. 据书与不书综合推理发问

> 桓公元年《经》："元年，春，王。"《传》："桓无王，其曰王，何也？"又："其曰无王，何也？"

此例较特殊，桓公在位十八年而多不书王，故发问知"桓无王"。而其余十一公皆书王，故据此发问为何"桓无王"。但这种情况只见于桓公。[13]"有王""无王"同属一事，"发问者"对这一事的"书"与"不书"进行综合推理形成发问。当然，这例中"发问者"的综合推理有漏洞。但此例并含上两例，最能反映同类经文对比中"发问者"的推理过程，也可以看出《穀梁传》对比同类《经》文的解经方法。

4. 据相近事类发问

> 隐公三年《经》："三月，庚辰，天王崩。"《传》："其不名，何也？"

《春秋》诸侯卒皆称名，故"天王崩不名"据名义相近者问。"不名"还常见于天子大夫及命大夫。[14]这种推求方法，则不同于上文所说的根据《经》文，依理推求。"天王"与"诸侯"毕竟不同，依据非同一事物发问，在逻辑上稍欠妥当（当然，今天我们难以确切知晓“发问者”发问的根据，如此理解是最为妥当的方式）。如昭公二十三年《经》：“（七月）尹氏立王子朝。”《传》：“朝之不名，何也?”似据隐公四年“卫人立晋”。宣公十五年《经》：“（六月）王札子杀召伯、毛伯。”《传》：“杀召伯、毛伯，不言其，何也?”问代词“其”，似据天子、诸侯杀其大夫而问。又如庄公元年《经》：“夏，单伯逆王姬。”《传》：“其不言如，何也?”则据《经》几处鲁逆夫人曰“如”推求。[15]定公二年《经》：“夏，五月壬辰，雉门及两观灾。”《传》：“其不曰雉门灾及两观，何也?”谈尊卑相“及”，恐据桓公二年《经》：“二年，春，王正月，戊申。宋督弑其君与夷及其大夫孔父”一类的《传》文发问。

但如定公九年《经》：“（夏）得宝玉、大弓。”《传》：“其不地何也?”杨士勋以为据“获物言地”，举“战于大棘，获宋华元。”杨说并不正确，言地是为战，并非为获。此属杨士勋误解，应作区别。

5. 据“辞例”变化发问

> 桓公七年《经》：“夏，穀伯绥来朝，邓侯吾离来朝。”《传》：“其名，何也?”

《经》书诸侯“来朝”皆不书名，如“滕子来朝”等，故“发问者”似乎依然据《经》文多数情况以问。但与前“据似应书者不书”“据似不应书者书”单纯书不书的问题不同，这里都书了同样的事与人，可有的单称爵位，有的加上了名字，“辞例”发生了变化，更多的是如何书之间的同类比较，[16]这类多为问诸侯称名与否。[17]又如文公四年《经》：“夏，逆妇姜于齐。”《传》：“其不言氏，何也?”似据成公十四年“侨如以夫人妇姜氏至自齐”问。以上两则皆是“名辞例”的变换，“动辞例”与之相类，这里不再详举。[18]其他“辞例”如桓公十八年《经》：“十有八年，春，王正月。公会齐侯于泺，公与夫人姜氏，遂如齐。”《传》：“泺之会，不言及夫人，何也?”问介词“及”，直据僖公十一年“公及夫人姜氏会齐侯于阳谷”，方法皆亦同于“名辞例”。

6. “发问者”已知《经》文相关史实

这类中又分已知人，已知事，已知地，已知国情礼制等：

> 隐公元年《经》：“三月，公及邾仪父盟于眜。”《传》：“其不言邾子，何也?”

经文称“邾子”多，而此处称“邾仪父”。虽据异名发问，但“发问者”已知“邾仪父”就是邾子，是已知人。

> 庄公六年《经》：“夏，六月，卫侯朔入于卫。”《传》：“其不言伐卫纳朔，何也?”

此例亦属同类事而异称，但“发问者”已知公等伐卫是为纳朔，是已知史实。

> 庄公二年《经》：“夏，公子庆父帅师伐于馀丘。”《传》：“国而曰伐。于馀丘，邾之邑也，其曰伐，何也?”

此例亦属同类事而异称，“发问者”已知馀丘为邾邑。[19]是已知地。

> 僖公二年《经》：“（夏）虞师晋师灭夏阳。”《传》：“虞无

师，其曰师，何也？”

僖公元年《经》：“冬，十月，壬午，公子友帅师败莒师丽，获莒挐。”《传》：“莒无大夫，其曰莒挐，何也？”

上引两例是已知虞、莒小国，无师及大夫。与两例相同者较多。[20]如“莒无大夫”似可就《经》书诸侯大夫相会称“莒人”为据，如昭公三十二年《经》：“冬，仲孙何忌会晋韩不信、齐高张、宋仲几、卫太叔申、郑国参、曹人、莒人、邾人、薛人、杞人、小邾人城成周。”但其必先证明“莒人”非卑者，如“虞无师”，则《经》文无能引证，故知“莒无大夫”“虞无师”必是“发问者”已知的诸侯国大小及相应的“制度”。又如定公十年《经》：“（夏）公至自颊谷。”《传》：“离会不致，何为致也？”只此一见，则是“发问者”已知“离会不致”，即《春秋》对“礼制”的书写规则。

但是，“发问者”对事实了解的情况还有一知半解之时。如昭公三十一年《经》：“冬，黑肱以滥来奔。”《传》：“其不言邾黑肱何也？”又：“其不言滥子何也？”是“发问者”知黑肱与邾有关，却不知其有别于邾。也有对专有的名词不知而直问者，如庄公二十二年《经》：“（正月）癸丑，葬我小君文姜。”《传》：“小君，非君也，其曰君何也？”

四

以上较详的叙述六种有价值的“有条件的发问”（其中有交叉者），因时月日为《穀梁传》较重视的“辞例”，故单提出再略说明：

桓公二年《经》：“秋，七月，纪侯来朝。”《传》：“朝时，此其月，何也?"

庄公十年《经》："二月，公侵宋。"《传》："侵时，此其月，何也?"

文公七年《经》："七年，春，公伐邾。三月，甲戌，取须句。"《传》："取邑不日，此其日，何也?"

成公五年《经》："（夏）梁山崩。"《传》："不日，何也?"

案以上诸例，似皆可派入"据相近事类变换辞例发问"一类。相同或相近的事变换"时月日例"，但时月日例本身则有轻重。一般来说书"日"者重于"月"，"月"者重于"时"，此是根据《经》文整体而得知，则又与"据相近事类变换辞例发问"的《经》文诸例的"条件"不同，应予以注意。

统观对有价值的"有条件的发问"分类并分析，便可以回答上文提出的三个重要问题。这三个问题紧密不可分，首先可以明确的是"发问者"已具备了一些关于《春秋》的知识：对史实方面"发问者"已知人，已知事，已知地，已知诸国国情、礼制等情况俱有，且更有知晓"《春秋》大义"处。但"发问者"对《经》文及史实不明晰之处也很多，如此在文本上，"发问者"确实是以一个不能尽通《经》辞的"学生"形象呈现。但或知或不知，多半是为《传》的行文方便，引出答案。

其次，关于《传》的某一方面例，"发问者"以"据似应书者不书""据似不应书者书""据书与不书共相成发问""据相近事类发问""据'辞例'变化发问"五种方法推求而提问，可以窥见《穀梁传》原本的释经方法。这一点最为重要，能对《穀梁传》"属辞比事"有一个较为清晰的认识。但其中也有错误的方法需要明确，如前举例，诸侯"卒名"，则以为天子亦当如此而发问。虽然未明确表示"发问者"是据此推论，但言外之意较明显。这则"发问"在

《传》文中仍然有作用，只是完全在于引出回答了。这也提示了后来学者研究《穀梁传》时的“比事”方法，最好以一类相同事情的《经》文归纳。这里举一个反例：

隐公二年《经》：“夏，五月，莒人入向。”范宁《集解》：“入例时，恶甚则日，次恶则月，他皆放此。”杨士勋《疏》：“‘入例时’者，以侵伐既时，则入亦时也。”

杨士勋以为“入例时”是因“侵伐既时”，如同诸侯卒与天子卒一样，“入”是一事，“侵伐”是一事。又“侵”“伐”两事本来便有轻重，不可据此相互推求。假使“入”固然“例时”，也是应据前后《经》文“入”例推得。

而第三，文本上的“发问者”的作用或者说是意义，则是难以完全解决的问题。首先，“问答体”在文本上的呈现，究竟意义与作用如何，更多应看“发问”，否则直接阐释便可以了。学者多以为《穀梁传》与《公羊传》一段时间为口授，文本写定或在战国末至西汉。从文本上看“发问者”已知很多，未知也很多，而这些已知、未知在文本中的主要目的还是为引出回答，兼顾表明一些已知（已知对后世阅读《穀梁传》文本者的作用等同于那些“回答”，如“外大夫不书卒”“朝日”等皆如是）。虽上文引哀公《传》文“子之所言者，牲之变也，而曰我一该郊之变而道之，何也”云云，似乎表现了师徒对答，而即便其本来的确有师徒对答口传的遗存，今日《穀梁传》文本已经有一个个体或多个个体从“有效”及“整齐”两个目的对“发问”作了整理。整理的过程，整理者应更注重的是引出回答。故而“发问”的内容一定是调整了的，故在《传》文中的意义不言而喻。

上文论及的“发问者”已知一些《春秋》知识的“有条件的发

问”，从某种方面说，便是《传》文写定者的关注点与解经思路。可能就是为了引出答案，而使“发问者”知道了一些“条件”。即便无法完全考察清楚，在研究《穀梁传》方法与视角中，“发问”仍不容忽视，最为重大的意义也在于此。王天然先生以为：“二‘传’设问之体具有逻辑推导功能。这一形式本身即有阐释功能、参与着解经的过程”。[21]而发问推导的目的，从“发问”的几种方法，尤其是错误的方法看，为引出书写者想阐释的回答是有意识的。“发问”的阐释功能则应当是在无意识的情况下完成，故导致了“发问者”的“或已知”“或不知”。

注释：

〔1〕“桓之盟不日，其会不致，信之也”一句，是直释还是作为发问的前提，也是需要考虑的。相关论述见下文。

〔2〕如李学勤主编：《春秋穀梁传注疏》，夏先培整理，北京：北京大学出版社，1999 年，第 33 页。［清］钟文烝：《春秋穀梁传补注》，骈宇骞等点校，北京：中华书局，2009 年，第 76 页。［清］廖平：《穀梁古义疏》，郜积意点校，北京：中华书局，2012 年，第 75 页。

〔3〕此类尚有如：庄公四年《经》：“冬，公及齐人狩于郜。”《传》：“齐人者，齐侯也。其曰人，何也？”庄公十三年《经》：“十有三年，春，齐人、宋人、陈人、蔡人、邾人会于北杏。”《传》：“是齐侯、宋公也。其曰人，何也？”庄公三十年《经》：“（冬）齐人伐山戎。”《传》：“齐人者，齐侯也。其曰人，何也？”庄公三十二年《经》：“（冬）公子庆父如齐。”《传》：“此奔也，其曰如，何也？”僖公元年《经》：“冬，十月，壬午，公子友帅师败莒师丽，获莒挐。”《传》：“内不言获，此其言获，何也？”僖公二十八年《经》：“（冬）晋人执卫侯，归之于京师。”《传》：“此入而执。其不言入，何也？”文公十四年《经》：“（秋）晋人纳捷菑于邾，弗克纳。”《传》：“是郤克也。其曰人，何也？”宣公二年《经》：“秋，九月，乙丑，晋赵盾弑其君夷皋。”《传》：“穿弑也，盾不弑。而曰盾弑，何也？”宣公六年《经》：“六年，春，晋赵盾、卫孙免侵陈。”《传》：“此帅师也。其不言帅师，何也？”宣公十一年《经》：“冬，十月楚人杀陈夏征舒。”《传》：“此入而杀也。其不言入，何也？”成公十五年

《经》："三月，乙巳，仲婴齐卒。"《传》："此公孙也。其曰仲，何也?"襄公二十七年《经》："（夏）卫杀其大夫宁喜。"《传》："称国以杀，罪累上也。宁喜弑君，其以累上之辞言之何也?"昭公四年《经》："（秋）执齐庆封，杀之。"《传》："此入而杀。其不言入，何也?"定公元年《经》："三月，晋人执宋仲几于京师。"《传》："此其大夫。其曰人何也?"定公十三年《经》："（冬）晋赵鞅归于晋。"《传》："此叛也。其以归言之何也?"哀公三年《经》："三年春，齐国夏、卫石曼姑帅师围戚。"《传》："此卫事也。其先国夏何也?"哀公六年《经》："（秋）齐阳生入于齐，齐陈乞弑其君荼。"《传》："阳生入而弑其君。以陈乞主之何也?"

〔4〕"地"有两义：隐公之"不地"，是指《经》未言其薨于路寝等地。而"诸侯死于国，不地；死于外，地。"指鲁国中。昭公薨于干侯，是晋邑，与桓公薨于齐，皆在外。

〔5〕此类又如僖公二十三年《经》："夏，五月，庚寅，宋公兹父卒。"《传》："兹父之不葬，何也?"

〔6〕外大夫书卒者尚有：文公三年《经》："夏，五月，王子虎卒。"《传》："叔服也。此不卒者也，何以卒之?"定公四年《经》："（秋）刘卷卒。"《传》："寰内诸侯也，非列土诸侯，此何以卒也?"

〔7〕外夫人书卒者如：庄公四年《经》："三月，纪伯姬卒。"《传》："外夫人不卒，此其言卒，何也?"外夫人书葬者如：庄公四年《经》："六月，乙丑，齐侯葬纪伯姬。"《传》："外夫人不书葬，此其书葬，何也?"襄公三十年《经》："秋，七月，叔弓如宋，葬共姬。"《传》："外夫人不书葬，此其言葬何也?"内女书卒者如：僖公九年《经》："秋，七月，乙酉，伯姬卒。"《传》："内女也，未适人不卒，此何以卒也?"奔大夫书卒者如：文公十四年《经》："九月，甲申，公孙敖卒于齐。"《传》："奔大夫不言卒，而言卒，何也?"

〔8〕外灾者如：桓公十四年《经》："秋，八月，壬申，御廪灾。"《传》："御廪之灾不志，此其志，何也?"庄公十一年《经》："秋，宋大水。"《传》："外灾不书，此何以书?"宣公十六年《经》："夏，成周宣榭灾。"《传》："周灾，不志也。其曰宣榭，何也?"襄公九年《经》："九年春，宋灾。"《传》："外灾不志，此其志，何也?"昭公九年《经》："夏，四月，陈火。"《传》："国曰灾，邑曰火。火不志，此何以志?"外相如者如：桓公五年《经》："冬，州公如曹。"《传》："外相如不书，此其书，何也?"外释者如：僖公二十一年《经》："（冬）释宋公。"《传》："外释不志，此其志，何也?"

〔9〕如庄公十九年《经》：“秋，公子结媵陈人之妇于鄄，遂及齐侯、宋公盟。”《传》：“媵，浅事也，不志，此其志何也？”成公八年《经》：“（冬）卫人来媵。”《传》：“媵，浅事也，不志，此其志何也？”成公九年《经》：“（夏）晋人来媵。”《传》：“媵，浅事也，不志。此其志，何也？”筑不志如：成公十八年《经》：“（秋）筑鹿囿。”《传》：“筑不志，此其志，何也？”

〔10〕庄公二十四年《经》：“夏，公如齐逆女。”《传》：“亲迎，恒事也，不志。此其志，何也？”

〔11〕庄公十七年《经》：“十有七年，春，齐人执郑詹。”《传》：“卑者不志，此其志，何也？”昭公八年《经》：“八年，春，陈侯之弟招杀陈世子偃师。”《传》：“两下相杀，不志乎《春秋》，此其志何也？”

〔12〕另有僖公二十六年《经》：“（冬）公至自伐齐。”《传》：“恶事不致，此其致之，何也？”襄公十年《经》：“（夏）公至自会。”《传》：“会夷狄不致，恶事不致，此其致何也？”别例如定公十二年《经》：“（十二月）公至自围成。”《传》：“何以致？”据昭公二十六年夏《经》言“公围成”而不言至。而“成”又为孟氏邑，未出境不当言“致”。与公相关者尚有昭公二十三年《经》：“冬，公如晋，至河，公有疾，乃复。”《传》：“疾不志，此其志何也？”又如襄公三十年《经》：“（冬）晋人、齐人、宋人、卫人、郑人、曹人、莒人、邾人、滕人、薛人、杞人、小邾人会于澶渊，宋灾故。”《传》：“会不言其所为，其曰宋灾故，何也？”与成公元年《经》：“（二月）无冰。”《传》：“终时无冰则志，此未终时而言无冰，何也？”都采用相同的推求方法。

〔13〕另可参桓公二年《经》：“二年，春，王正月，戊申，宋督弑其君与夷。”《传》：“桓无王，其曰王，何也？”桓公十年《经》：“十年，春，王正月，庚申，曹伯终生卒。”《传》：“桓无王，其曰王，何也？”其余如桓公二年《经》：“冬，公至自唐。”《传》：“桓无会，而其致何也？”桓公十六年《经》：“秋，七月，公至自伐郑。”《传》：“桓无会，其致何也？”虽未问“其曰无会，何也”，亦近于此类。另如哀公六年《经》：“（秋）齐阳生入于齐，齐陈乞弑其君荼。”《传》：“阳生其以国氏何也？”也属此类，阳生本弑君，但阳生正而荼不正，故不以荼君阳生，所以不直书弑君。既然不以弑君，则不当“国氏”，故发问。只不过此“条件”已见于隐公四年“卫祝吁弑其君完”，则非“发问者”自明的。同于此者可参文公十四年《经》：“（九月）齐公子商人弑其君舍。”《传》：“舍未踰年，其曰君，何也？”又：“商人其不以国氏，何也？”又：“舍之不日，何也？”

〔14〕庄公二十五年《经》："二十有五年，春，陈侯使女叔来聘。"《传》："其不名，何也?"文公十五年《经》："（六月）单伯至自齐。"《传》："大夫执则致，致则名，此其不名，何也?"

〔15〕此类又如：桓公八年《经》："（冬）祭公来，遂逆王后于纪。"《传》："其不言使焉，何也?"

〔16〕但如僖公五年《经》："秋，八月，诸侯盟于首戴。"《传》："无中事而复举诸侯，何也?"是比较特殊的例子，则是据《春秋》书例推求而来。

〔17〕诸侯例如：庄公十年《经》："秋，九月，荆败蔡师于莘，以蔡侯献武归。"《传》："蔡侯何以名也?"僖公二十五年《经》："二十五年，春，王正月，丙午，卫侯毁灭邢。"《传》："毁之名何也?"襄公七年《经》："（十二月）郑伯髡原如会，未见诸侯；丙戌，卒于操。"《传》："礼，诸侯不生名。此其生名，何也?"昭公十二年《经》："十有二年，春，齐高偃帅师，纳北燕伯于阳。"《传》："燕伯之不名何也?"

〔18〕隐公三年《经》："秋，武氏子来求赙。"《传》："其不言使，何也?"庄公二十三年《经》："（春）祭叔来聘。"《传》："其不言使，何也?"闵公二年《经》："冬，齐高子来盟。"《传》："不言使何也?"较为典型者还有"伐国不言围邑"，如僖公六年《经》："夏，公会齐侯、宋公、陈侯、卫侯、曹伯伐郑，围新城。"《传》："伐国不言围邑，此其言围，何也?"僖公二十三年《经》："二十有三年，春，齐侯伐宋，围闵。"《传》："伐国不言围邑，此其言围，何也?"僖公二十六年《经》："冬，楚人伐宋，围闵。"《传》："伐国不言围邑，此其言围，何也?"言"战"言"败"，如庄公十年《经》："秋，九月，荆败蔡师于莘，以蔡侯献武归。"《传》："中国不言败，此其言败，何也?"僖公三十三年《经》："夏，四月，辛巳，晋人及姜戎败秦师于殽。"《传》："不言战而言败，何也?"文公十一年《经》："冬，十月，甲午，叔孙得臣败狄于咸。"《传》："不言帅师而言败，何也?"又："然则何为不言获也?"昭公二十三年《经》："（七月）戊辰，吴败顿、胡、沈、蔡、陈、许之师于鸡甫。胡子髡、沈子盈灭。"《传》："中国不言败，此其言败，何也?"又如庄公十二年《经》："十有二年，春，王三月，纪叔姬归于酅。"《传》："国而曰归，此邑也，其曰归，何也?"

〔19〕又如桓公七年《经》："七年，春，二月，己亥，焚咸丘。"《传》："其不言邾咸丘，何也?"它如僖公二年《经》："二年，春，王正月，城楚丘。"《传》："国而曰城，此邑也。其曰城，何也?"知"楚丘"是城非国。

〔20〕如僖公四年《经》：“（夏）楚屈完来盟于师，盟于召陵。”《传》：“楚无大夫，其曰屈完，何也?”僖公二十五年《经》：“冬，十有二月，癸亥，公会卫子、莒庆盟于洮。”《传》：“莒无大夫，其曰莒庆，何也?”僖公二十六年《经》：“二十有六年，春，王正月，己未公会莒子、卫宁速盟于向。”《传》：“公不会大夫，其曰宁速，何也?”文公九年《经》：“冬，楚子使萩来聘。”《传》：“楚无大夫，其曰萩，何也?”成公二年《经》：“六月，癸酉，季孙行父、臧孙许、叔孙侨如、公孙婴齐帅师会晋郄克、卫孙良夫、曹公子手及齐侯战于鞍，齐师败绩。”《传》：“曹无大夫，其曰公子，何也?”成公二年《经》：“十有一月，公会楚公子婴齐于蜀。”《传》：“楚无大夫，其曰公子，何也?”昭公二十年《经》：“夏，曹公孙会自梦出奔宋。”《传》：“曹无大夫，其曰公孙何也?”

〔21〕王天然：《穀梁文献征》，北京：社会科学文献出版社，2014 年，第 143 页。

“鲁学”的建立与秦汉儒家对齐鲁“初政”的认知

> 《汉书·儒林传》：宣帝即位，闻卫太子好《穀梁春秋》，以问丞相韦贤、长信少府夏侯胜及侍中乐陵侯史高，皆鲁人也，言穀梁子本鲁学，公羊氏乃齐学也，宜兴《穀梁》。[1]

“鲁学”“齐学”及公羊学为“齐学”与穀梁学本“鲁学”的称法即源于此。《汉书》中的这一段话，除在学史上提供了两个名词及概念外，其蕴含的历史及时人的观念讯息也是十分丰富的。

首先，汉宣帝初即位时，距汉高祖刘邦建国已有一百余年的时间，“齐”与“鲁”这两个西周初开始存在的诸侯国早已灭亡。虽然，在西汉也曾多次有同名的诸侯国设置，但其辖区频繁变更，已和两周齐、鲁旧国地域的范围大不相同了。大抵“齐”“鲁”在西汉中期只作为地域名存在，这里的“鲁学”“齐学”是一例，又如《史记》《汉书》的《儒林传》往往直接表明经师是“齐人”或“鲁人”。可以说在西汉中期的人心中，“齐”“鲁”仍然可以算作界限清晰。

第二，也是更为重要的，文中“宜兴”一词最值得关注。“宜兴”的原因绝不是穀梁子与韦贤等同为“鲁人”，也不完全是皇帝有所私心或偏好，而群臣附和。因为这两点原因都不够“冠冕堂皇”，不可以对严肃的政治与当时和政治有极大关联的经学给予合理交待，只可能是他们口中的“鲁学”在某些方面较“齐学”有真正的“优势”，才可以成为“宜兴”的理由。为说明这种“优势”的必要性，这里权做一个简单比喻：孔子是鲁人。孔子的学说在鲁地发源，孔子的弟子也多为鲁人。任凭“齐学”先师在当时有多么高的权威，如果“鲁”地有孔子最纯正的学问，“鲁学”是得到至圣孔子的真传，借用司马迁的话说“中国言六艺者折中于夫子”，那么“齐学”也必须让“鲁学”一头。“宜兴鲁学”才能正式成为一个可议的官方议题，随之才能以皇帝的旨意使穀梁学成为官学。如上假设并无佐证，事实上也并不如此简单，但可以说明“鲁学”的“宜兴”，也就是其较“齐学”的“优势”，必须有在群体中高于个别权利的学理支持。

以上就《汉书·儒林传》中这一段重要记载的两点“言外之意”作了初步的论述，其关涉一个需要深入探讨的根本问题。问题的提出就在于时间与空间的变迁，假如在春秋、战国时，齐、鲁二国尚在，如果谈两国学术，毕竟可依据当时存在的国家或当时国内的学者划分。而西汉中期时谈“齐学”与“鲁学”，空间、时间的凭据已减弱，学问也随几代学者的探求发生转变。且韦贤所指的“鲁学”，并非是单纯的地域学术概念，已经转换为孔子之后“春秋学”或“经学”上的概念。[2]时间与地域都不再完全适用，“鲁学”的提出实在使人生疑。

根据上述怀疑，需要探究的问题可以概括为两点：（1）韦贤等人对“齐学”“鲁学”两个概念的内涵是如何认识、划分的，或者说韦贤等人在两国灭亡、地域变更的情况下是如何建构“鲁学”“齐学”的？（2）“鲁学”与“齐学”作为“概念”，是否在西汉中期历史现实中可以成立？

一

韦贤等人是否就“齐学”“鲁学”有相对具体的认识，因文献缺乏，我们已经不能了解了。但就其当时情形，他们对两个概念的提出，是为治国当以“王霸杂之”的汉宣帝，情感上突然对并不太看好，而又需利用的“经学”产生的一些可贵倾向提供依据。这也体现了历史的“或然性”：假如卫太子不曾好穀梁学，假如当时穀梁学传习者依然同先师申公一样言论不得皇帝之心，同先师瑕丘江公一样口讷，两个概念的提出及汉中后期穀梁学兴盛一时的情况恐怕也不会存在。

但“无中生有”对任何人，尤其对身为政治家和学者是较难的事情，重要观念尤其是使某些方面历史轨迹有所改变的观念一定有其学理上的基础。即便这些概念是如今人常说的固化的、片面的“贴标签”，其“不准确”也是概念的，某些方面不可以和事实相符合，但不准确的“标签”一定是根据某些与事实相合的方面而“贴”出的。讨论“鲁学”“齐学”，就是要找到这些与历史相合之处。

作为相对的概念，“差异”应最先讨论。两个“学”的不同，从两个“名词”上看，关键在于“齐”与“鲁”的差异。作为单纯的地域来谈，其差别明显。虽同在东方，“齐”临海而“鲁”为内陆，“百里不同风，千里不同俗”，空间的差异也许会对民风、民俗产生影响。这方面区别，学者们从考古、历史、民俗与人类学等诸多方面已有充分研究。这里仅就为后来史家及学者眼中关注的“齐”“鲁”，也就是经过人为“改造”或“重构”后的“齐”“鲁”再做一些考述。首先来看齐国：

《史记·齐太公世家》：太公至国，修政，因其俗，简其礼，通商工之业，便鱼盐之利，而人民多归齐，齐为大国。[3]

《史记·齐太公世家》：太史公曰：吾适齐，自泰山属之琅邪，北被于海，膏壤二千里，其民阔达多匿知，其天性也。以太公之圣，建国本，桓公之盛，修善政，以为诸侯会盟，称伯，不亦宜乎？洋洋哉，固大国之风也！[4]

以上两段，司马迁以简练的语言，将齐国建国时姜太公治国的政策及在西汉初他亲身到齐国故地体验的感受作了陈述。太公的“因其俗”与司马迁体察到的“其天性也”形成了互证，清楚地表明了齐国的“俗”在周初至汉初近八百年中基本未有大的改变。但太公“修政”不是无作为，“简其礼”表现了周人的制度在有些方面还是在齐地推行开来。只是作为推测来谈，“礼”不施于庶人，这些制度更多的是在上层社会的改变，以适用于行政的要求及齐国国政与周的对接。在社会进程发展较迟缓的时代，八百年而在下的民氓还是保持着“天性”是完全有可能的。司马迁的亲身印证，体现出他“实践史学”，应为“实录”。

有趣的是，司马迁在《鲁周公世家》中将“齐太公”和“鲁伯禽”做了个对比：

《史记·鲁周公世家》：鲁公伯禽之初受封之鲁，三年而后报政周公。周公曰：“何迟也？”伯禽曰：“变其俗，革其礼，丧三年然后除之，故迟。”太公亦封于齐，五月而报政周公。周公曰：“何疾也？”曰：“吾简其君臣礼，从其俗为也。”及后闻伯禽报政迟，乃叹曰：“呜呼，鲁后世其北面事齐矣！夫政不简不易，民不有近；平易近民，民必归之。”[5]

《史记》中的这一段，作为齐、鲁“初政”与对后来齐鲁文化特征的重要证据，近代以来学者多有引述。而周公三人的语言明显不同于《尚书》中一些篇目的佶屈聱牙，与周初青铜器上铭文的简古，非当事者原话，基本可以确定。其中文字是司马迁根据古史籍“转译”，还是据传说书写，难以考订。但从日后齐、鲁的文化名人及风格，如“齐谐”、“稷下”、孔子以及汉高祖灭项羽后“独鲁不下”等情况，“初政”内容对国民性格、操守以及文化诸多方面确有巨大影响，是没有理由怀疑这种“初政”的不存在。

“初政”也是讨论“齐学”“鲁学”在孔子之前最为重要的文化“基因”。更为重要的是，不论在司马迁的眼中，还是《史记》中的“周公”，他们将“齐”“鲁”的未来发展都系在了这个“初政”上，也就是系在“初政”的执行者齐太公与鲁伯禽身上。

作为先秦及汉初观念上的“学”，多半是讨论如何治理国家的道术。诸子学说的分野，也常常就是对治国方法的分歧。或许“名家”“阴阳家”等将一部分关注点放在了事物的名称与性质上，但可以断定，诸子学大多数是指向政治之学的。而我们要讨论的“齐学”与“鲁学”虽是在“学”的观念已有转变的时代，也就是由儒家转入经师，“政治之学”转入“经典之学”的时期提出的，但其“学”的前提毕竟是“齐”“鲁”，“初政”是一个重要根源。在文献中，也就是史籍书写者及观念提出者对历史的回顾与重新构建中，我们要讨论的“齐学”与“鲁学”，要从考察学者对“初政”差别及齐太公、鲁伯禽差别入手。因为对同一历史状况，人们的思想有所不同，文献书写者的态度和文献中对人物及事例书写会有所转变。史学家重视的是实录，而儒先们重视的是信仰。

《说苑·政理》：齐之所以不如鲁者，太公之贤不如伯禽。伯禽与太公俱受封而各之国，三年，太公来朝，周公问曰：“何治之疾也?”对曰:“尊贤,先疏后亲,先义后仁也。此霸者之迹也。”周公曰:“太公之泽及五世。”五年,伯禽来朝,周公问曰:“何治之难?”对曰:“亲亲,先内后外,先仁后义也。此王者之迹也。”周公曰:“鲁之泽及十世。”故鲁有王迹者,仁厚也,齐有霸迹者,武政也,齐之所以不如鲁也,太公之贤不如伯禽也。[6]

上引《说苑》一段明显与前引《史记》一段所说是同一件事,而观点却完全相反。抛却这段话的时间性、书写者,与《史记》中相关内容做一个对比,其重点在周公对太公、伯禽的评价。首先《史记》中相对简略,对于“治国”的优劣,周公肯定了太公的“简易”。[7]而对未来的预测是鲁必然居于齐下,或可以说鲁当为齐臣属。而《说苑》所载的恰恰相反,首先,对“治国”优劣的评价者变成了文献的书写或改编者,他(们)认为,齐不如鲁,太公不如伯禽,差别在于“王者”还是“霸者”,而文中的周公只是做了对未来的预测。

《史记·齐太公世家》载,齐太公卒后,子丁公吕伋立。丁公卒,子乙公得立。乙公卒,子癸公慈母立。癸公卒,子哀公不辰立。就在这第五世齐哀公时,纪侯向周天子诬告了齐哀公,周天子烹了哀公,并立了哀公的异母弟弟静,就是齐胡公。而哀公同母弟山及其党羽率营丘人袭杀了胡公而自立,是为齐献公。可以说齐国的确乱了。鲁国虽中间有魏公弑幽公,但十世懿公为武公少子,为周宣王所喜爱而命为太子,即位后被其兄括的儿子伯御所杀,周宣王杀伯御而立孝公。司马迁对宣王的悖礼与鲁乱的后果用一句话作结:“自是后,诸侯多畔王命。”对照史籍记载,《说苑》中周公的“预言”是惊人的准确。

很明显,《说苑》中的一段话是被修改过,而修改者应为刘向之前的儒先学者。对比《史记》，齐国与鲁国的“初政”优劣得到了逆转，并通过周公的“预言”与齐、鲁的国史给予佐证。儒先经师是青睐鲁国的“初政”的，对这种“王道”初政的认同，促使他们修改史料。推至“鲁学”与“齐学”，在先儒看来，“鲁”在其“基因”中自有优越之处。

二

儒先经师对比齐、鲁的“初政”，自然伯禽为优。那么鲁国“初政”的执行者伯禽在汉儒心中，尤其是在没有同齐太公对比时的确切评价，则体现了“鲁”与“鲁文化”在汉儒心中较为准确的定位。

中国古代学者对于自己推崇的先贤，往往进行“神圣化”的塑造，赋予“预言”能力便是其中一种方式。对比《史记》《说苑》两则材料，《说苑》中的周公是“神化”了的，而《史记》中的周公并不可以说是“神”，只是作为一个出色且有预见性的政治家出现。

书写者及改编者的目的各不相同。《说苑》神化周公是借其口评述“齐”“鲁”优劣，而还有一种将文献中“对手”双方都“神化”的处理，如文献中有周公和齐太公关于齐鲁政治优劣的对话：

> 《吕氏春秋·长见篇》：吕太公望封于齐，周公旦封于鲁，二君者甚相善也，相谓曰：“何以治国？”太公望曰：“尊贤上功。”周公旦曰：“亲亲上恩。”太公望曰：“鲁自此削矣。”周公旦曰：“鲁虽削，有齐者亦必非吕氏也。”其后齐日以大，至于霸，二十四世而田成子有齐国。鲁日以削，至于觐存，三十四世而亡。[8]

这则材料还见于《韩诗外传》《淮南子·齐俗训》《汉书·地理志》等典籍中，文字虽异，大旨相同，这里不再引列原文。综合上面《说苑》《史记》的材料，可以看出“齐”“鲁”的“初政”问题，在战国、秦汉之际讨论较为普遍。《吕览》周公、齐太公皆被神化：太公以为“鲁削”与周公以为“齐非吕氏”，预言都十分准确。文献中二者似乎“势均力敌”，周公稍稍胜出。而其想表达的是治国“尊贤上功”与“亲亲上恩”之异，亦应出自儒先手笔。

此段情况与《说苑》相似，这里不为论述“齐”“鲁”，是为引出接下来讨论的问题，是否所有人皆可被当做圣贤而“神化”，伯禽是否具备这个资格。

在《说苑》中周公被神化，在《吕览》中周公、太公望都被神化，因在历史上他们都为王佐之才，所以在传说中有被“神化”的资格。只是有资格的人中谁需要被“神话”由文献书写者决定。老子可以“化胡”，孔子是“儒童菩萨”。不论出于什么目的，“资格”必须具备。而小小的人物或许在后世文献中能飞上云端作仙人，却不能作“全知”高等的神。

伯禽作为鲁国历史上较为重要的人物，鲁国的“初政”由其完成，鲁国民风、民俗甚至“鲁学”都和他有密切关系，他有被神话的资格吗？从文献中看，这类情况几乎没有，而许赞的情况是存在的。

《毛诗·駉小序》：《駉》，颂僖公也。僖公能遵伯禽之法，俭以足用，宽以爱民。务农重谷，牧于坰野。鲁人尊之。于是季孙行父请命于周，而史克作是颂。[9]

《晏子春秋·内篇问上》：景公举兵欲伐鲁，问于晏子。晏子对曰：“不可。鲁公好义而民戴之，好义者安，见戴者和，伯禽之治存焉，故不可攻。”[10]

《孔丛子·公仪》：穆公问子思曰："吾国可兴乎?"子思曰："可。"公曰："为之奈何?"对曰："苟君与大夫慕周公、伯禽之治，行其政化。开公家之惠，杜私门之利，结恩百姓，修礼邻国，其兴也勃矣。"〔11〕

以上三则材料，或是赞鲁僖公学伯禽，或以周公、伯禽并称，或独赞伯禽，都是夸赞的实例，但至于"神化"的伯禽形象则没有。而文献中存在大量的周公"教训"伯禽的内容：

《史记·鲁周公世家》：于是卒相成王，而使其子伯禽代就封于鲁。周公戒伯禽曰："我文王之子，武王之弟，成王之叔父，我于天下亦不贱矣。然我一沐三捉发，一饭三吐哺，起以待士，犹恐失天下之贤人。子之鲁，慎无以国骄人。"〔12〕

《韩诗外传》卷三：成王封伯禽于鲁，周公诫之曰："往矣！子无以鲁国骄士。吾文王之子，武王之弟，成王之叔父也，又相天下，吾于天下亦不轻矣。然一沐三握发，一饭三吐哺，犹恐失天下之士。吾闻德行宽裕，守之以恭者，荣。土地广大，守之以俭者，安。禄位尊盛，守之以卑者，贵。人众兵强，守之以畏者，胜。聪明睿智，守之以愚者，哲。博闻强记，守之以浅者，智。夫此六者，皆谦德也。夫贵为天子，富有四海，由此德也。不谦而失天下亡其身者，桀纣是也，可不慎欤！故《易》有一道，大足以守天下，中足以守其国家，小足以守其身，谦之谓也。夫天道亏盈而益谦，地道变盈而流谦，鬼神害盈而福谦，人道恶盈而好谦。是以衣成则必缺纴，宫成则必缺隅，屋成则必加措，示不成者，天道然也。《易》曰：'谦亨，君子有终吉。'《诗》曰：'汤降不迟，圣敬日跻。'诫之哉！子其无以鲁国骄士也。"〔13〕

《韩诗外传》及《史记》中这两段恰与前引《史记》《说苑》的情况相近，都是讲同一件事而内容有差异。不同的是，《韩诗外传》书在《史记》之前。那么《史记》没有采信《韩诗外传》中周公自"吾闻德行宽裕"至"诫之哉"的一大段话，有可能两者都有相近的史料来源，《韩诗外传》有所增添，也有可能是司马迁删去。《史记》所不取《韩诗外传》的一段确实"夸张"，引《诗》谈《易》大似战国士人。不论语言的多寡，两段话都没有丰富伯禽的形象，文献的书写者意图或在记周公的思想，或借周公之口说话，伯禽的用途只是叫周公论道不"自言自语"而已。伯禽被"教训"的情况并不少见，在文献中可长可短，短者如《吕览》中一语。[14]非受周公"教训"的，如《说苑》中有成王教训伯禽[15]。伯禽总是一个淡化了形象的被"教训"者。

孟子谈"圣人"，在伯禽之前有伯夷、伊尹，在其后有柳下惠。相较于这些人，其事迹确实不显。伯禽绝非乏善可陈，他的鲁国"初政"是将宗周礼乐文化在东方推广开来，在后世儒先眼中有大功劳。但伯禽是执行者而非创制者，他时常被"教训"而或恭敬地执行，没有"神化"的资格也没有"神化"的必要。假如文献中对伯禽有了形象的描述，那么也是为了在对比中完成抬高他父亲周公的目的。

《荀子·尧问》：伯禽将归于鲁，周公谓伯禽之傅曰："汝将行，盍志而子美德乎?"对曰："其为人宽，好自用，以慎。此三者，其美德已。"周公曰："呜呼！以人恶为美德乎！君子好以道德，故其民归道。彼其宽也，出无辨矣，女又美之。彼其好自用也，是所以窭小也。君子力如牛，不与牛争力；走如马，不与马争走；知如士，不与士争知。彼争者，均者之气也，女又美之。彼其慎也，是其所以浅也。闻之曰：无越踰不见士。

见士问曰：'无乃不察乎？'不闻，即物少至，少至则浅。彼浅者，贱人之道也，女又美之。吾语女：我，文王之为子，武王之为弟，成王之为叔父。吾于天下不贱矣，然而吾所执贽而见者十人，还贽而相见者三十人，貌执之士者百有余人，欲言而请毕事者千有余人，于是吾仅得三士焉，以正吾身，以定天下。吾所以得三士者，亡于十人与三十人中，乃在百人与千人之中。故上士吾薄为之貌，下士吾厚为之貌，人人皆以我为越踰好士，然故士至，士至而后见物，见物然后知其是非之所在。戒之哉！女以鲁国骄人，几矣！夫仰禄之士犹可骄也，正身之士不可骄也。彼正身之士，舍贵而为贱，舍富而为贫，舍佚而为劳，颜色黎黑而不失其所，是以天下之纪不息，文章不废也。"[16]

《荀子》中这一段话较长，大部分还是周公的言语。与前引《韩诗外传》《史记》有相近词句，但状况不同：伯禽虽并未出场，但终于有了"为人宽，好自用，以慎"的形象。但随之便得到了周公的否定。伯禽的三个在常人眼中的"美德"，引起周公感叹："以人恶为美德乎！"这一句如何解读，以前的释读者或认为简单，不予说明。或认为"恶"是名词，整句当理解为"把人坏的地方当作美德"。从整段话可以看出，伯禽的三个"美德"及周公所说的都是针对治民、取士的问题，而非泛泛地谈治国。何况这三个"美德"无论如何也谈不上是"恶"的。这里的"以人"是用人之义，如《荀子·大略篇》："上臣事君以人"。而"恶"是疑问代词，如《荀子·礼论篇》："无天地，恶生？无先祖，恶出？无君师，恶治？"整句话当理解为："（为人宽，好自用，以慎三点）在用人上哪里是美德啊"。这句话作为一段的转折，伯禽的"美德"与周公见识又形成对比。如文中的周公是以"道"德人的，对待士人也是灵活的采取不同态度。相比周公"两边不住"的"中道""中庸"，伯禽的

“美德”也偏向了一边，不那么完善、灵活。

前贤的“神”与“圣”，也同样遵循着“虽在父兄不能以移子弟”的原则，伯禽在文献中的形象，在与周公对比中得到了体现：伯禽并未理解透彻作为圣人的父亲的“教训”，而保守谨慎地在鲁国推行着“宗周文明”。最明显的例子，在《汉书·古今人表》。《表》将人分九品，周公列在上上圣人，师尚父在上中仁人，而伯禽竟在第五等中中。与其一品的历史名人还有齐桓公（管仲在上中仁人）、吕不韦等，明显可以看出汉儒心中，伯禽是“可以为善”“可以为恶”的普通人。

三

伯禽是鲁文化形成中的关键人物，上文主要谈西汉人对他形象的认识。而更为重要的是孔子对鲁的看法。《论语·雍也》载孔子说：“齐一变至于鲁，鲁一变至于道”。先贤多以为孔子就时事而言，如包咸注云：“言齐、鲁有太公、周公之余化，太公大贤，周公圣人，今其政教虽衰，若有明君兴之，齐可使如鲁，鲁可使如大道行之时。”〔17〕其中虽谈到周公、齐太公有圣、贤之差别，但却一律肯定。

> 《论语集注》：孔子之时，齐俗急功利，喜夸诈，乃霸政之余习。鲁则重礼教，崇信义，犹有先王之遗风焉，但人亡政息，不能无废坠尔。道，则先王之道也。言二国之政俗有美恶，故其变而之道有难易。程子曰：“夫子之时，齐强鲁弱，孰不以为齐胜鲁也，然鲁犹存周公之法制。齐由桓公之霸，为从简尚功之治，太公之遗法变易尽矣，故一变乃能至鲁。鲁则修举废坠而已，一变则至于先王之道也。”〔18〕

朱子注并引程子说，较包咸注稍稍进了一步：对齐太公的态度，从儒家立场稍有贬损，更强调了“初政”的差别。也就是对《论语》中这一句话的解读，从圣贤的差别，转变为王政与霸政的差别。问题在于，时事与初政在这句话中，到底分别有多重的比例？《论语·八佾篇》所说的“三家者以雍彻”“季氏旅于泰山”这恐怕也并非一变即为“道”的鲁政现实。而《论语·八佾》载孔子说：“周监于二代，郁郁乎文哉！吾从周。”《论语·子路》载孔子曰：“鲁卫之政，兄弟也。”参考《论语》中以上二语，更可以得出，孔子对某国政治的评价，虽不能说一点也不顾及到现实，但“探源”的意思是较多的。孔子说齐桓公“仁”，说“齐桓公正而不谲”，鲁僖公虽然是“作颂贤君”，但依然不可以与齐桓相比，怎么可以说春秋时是“齐一变至于鲁”呢。

“齐一变至于鲁，鲁一变至于道”中，当是“初政”的因素较多，太公“简政”一变为伯禽之政，伯禽一变或能至于周公的“郁郁乎文哉”。结合前面所引战国至西汉的文献，伯禽不能与周公相比，“鲁”的“初政”与周政相比是打了折扣的，孔子的话也是重要的印证。同样实行周政，伯禽还与周公有差距，孔子或有意或无意，也参与了这种对历史及文化形象的构建。

文献中对历史人物的描述，“个体形象”与“群体形象”常互相影响。需要强调的是，“个体”虽然接受着周围文化环境的熏染，但常常有着明显的差异。说齐国人都还保持着天性，但也应有纯谨之人，如荀子弟子浮丘伯。对比荀子其他两位著名弟子李斯与韩非，浮丘伯学《诗》是多么“不通达”，其所传《诗》学日后还被称为“鲁诗”。鲁国也并非无狂肆之人，如孔子的老友原壤，《论语》中载其箕踞等待孔子，《礼记》载其母死而敲椁木而歌，简直“大逆不道”。但只要不针对个体，文献书写者便总喜欢归类：

《史记·扁鹊列传》：扁鹊名闻天下。过邯郸，闻贵妇人，即为带下医；过雒阳，闻周人爱老人，即为耳目痹医；来入咸阳，闻秦人爱小儿，即为小儿医：随俗为变。[19]

上引《扁鹊列传》一段可见，文献的记载往往对事实有“绝对化”的倾向，风俗、习惯的特点即成为地域整体人物的特点。先秦诸子书中常将一类性格归到一国人的头上，如“齐人有一妻一妾”，宋人“守株待兔”“揠苗助长”而郑人“买椟还珠”，或荒唐或愚蠢。但在不同学派学者眼中，则有不同的看法：

《韩非子·说林上》：鲁人身善织屦，妻善织缟，而欲徙于越。或谓之曰：“子必穷矣。”鲁人曰：“何也？”曰：“屦为履之也，而越人跣行；缟为冠之也，而越人被发。以子之所长，游于不用之国，欲使无穷，其可得乎？”[20]

《韩非子·外储说左上》：夫少者侍长者饮，长者饮，亦自饮也。一曰：鲁人有自喜者，见长年饮酒不能釂则唾之，亦效唾之。一曰：宋人有少者亦欲效善，见长者饮无余，非斟酒饮也而欲尽之。[21]

儒先眼中鲁人的“规矩”，在韩非看来，则是愚蠢、不知世事、不懂变通的。史家纪实，如《史记·货殖列传》：“鲁人俗俭啬，而曹邴氏尤甚，以铁冶起，富至巨万。然家自父兄子孙约，俛有拾，仰有取，贳贷行贾遍郡国。邹、鲁以其故多去文学而趋利者，以曹邴氏也。”[22]《史记·游侠列传》：“鲁朱家者，与高祖同时。鲁人皆以儒教，而朱家用侠闻。”[23]两则记载鲁人虽有一些观念上的转变，但始终应是学文学、以儒教的。而有时“鲁人”的出场，也表达了一些态度，从而也反映了“鲁人”在史家眼中的形象。在具体的历史事件中，则可以是以半虚构的形象出现，如《史记·吴起列传》中的“鲁人或恶吴起”，《史记·叔孙通列传》中的“鲁有两生不肯行”。

上文就“齐、鲁初政及其在文献中的评价”“文献中伯禽形象”及“周季与秦汉文献中鲁人特点”三个方面进行研究。其目的在于较准确的还原“鲁文化”在西汉儒者心中的定位，从而说明“鲁学”在他们心中的位置。综合来说，通过对《说苑》等文献的分析，伯禽在汉儒心目中的定位得以初步的还原，鲁国的“初政”是严格依照周礼推行的，文献中伯禽在战国、西汉儒先眼中是谨慎且稍显教条的。伯禽虽远不及吕尚，其“初政”也未达到周公治下的高度，但其行“王道”毕竟比行“霸道”高明，“鲁”高于“齐”就是在这一方面，但也并非是尽善尽美的。

在本文初，曾做过一个假设，说“鲁学”可能继承了孔子最纯粹的学问。但无论如何，说“齐学”公羊学不是纯正的孔子之学，在当时一定会引起反感。况且“齐”与“鲁”并提比较，从上文征引的文献看，秦汉人有较固定的问题意识，便是“初政”的“王”“霸”之分，及其后来影响。

还原了西汉儒家心中“鲁”的位置，再来看韦贤等人所谓的“鲁学”。

> 《汉书·儒林传》：自元康中始讲，至甘露元年，积十余岁，皆明习。乃召五经名儒太子太傅萧望之等大议殿中，平《公羊》《穀梁》同异，各以经处是非。时《公羊》博士严彭祖、侍郎申挽、伊推、宋显，《穀梁》议郎尹更始、待诏刘向、周庆、丁姓并论。《公羊》家多不见从，愿请内侍郎许广，使者亦并内《穀梁》家中郎王亥，各五人，议三十余事。望之等十一人各以经谊对，多从《穀梁》。由是《穀梁》之学大盛。”[24]

从上引《儒林传》事可见，所谓“鲁学”压过“齐学”而能大兴，还要靠在具体的“经义”论辩中取胜。“宜兴鲁学”恐怕是作为“鲁人”的私意，作为迎合宣帝的意旨，而结合西汉人心中“鲁”与“齐”对比中的优越，而为达到兴起穀梁学的一个借口。或许韦贤等人以更近“王道”的“鲁学”劝谏“霸王杂之”的汉宣帝，但无论目的如何，“齐学”“鲁学”在韦贤等人那里，算得上是一个刻意为之的概念。

四

上文讨论了秦汉师儒对齐、鲁“初政”及对伯禽的认识与建构。可以说“齐”“鲁”对比，是战国、秦汉人的固有话题，韦贤等对“齐”“鲁”优劣认识在“初政”上，必定是较为清晰的。而经学上是首次提出，移置《公羊传》《穀梁传》二传，说法比较含混。那么为什么“齐学”“鲁学”是建立在这种固有“王”“霸”之分的认识上，而不是在西汉中期因地域有清晰界限的呢？也就是说，“鲁学”与“齐学”是否能在西汉中期实际的学术环境中得以成立。

蒙文通先生以为“鲁学谨严，齐学驳杂”，“齐学之党为杂取异义，鲁学之党为笃守师传”，“就汉世言之，则鲁学谨笃，齐学恢宏，风尚各殊者，正以鲁固儒学之正宗，而齐乃诸子所萃聚”。[25]蒙先生将“齐学”“鲁学”说的泾渭分明，其方法是抓住史料中一二语或一两例扩充到全体。如刘歆有“义各相反”一语，蒙先生则以为“《公羊》与《穀梁》反异”云云。作为不同著作，其“反异”是正常的。按今《公羊传》《穀梁传》传文，其相同者也很多，如何定义这种“反异”？又如《汉书》载申公以训诂教《鲁诗》，最为近真，而辕固生及韩生采杂说，以此则知“鲁学谨严，齐学驳杂”，则是从一个个例推广到全体。

蒙先生方法的问题在于先接受了“齐学”“鲁学”两个概念，但未对“概念”进行考察。一旦“概念”禁不起推敲，整体的学说都难以成立。

《管子·大匡》：“卫国之教，危傅以利。公子开方之为人也，慧以给，不能久而乐始，可游于卫。鲁邑之教，好迩而训于礼。季友之为人也，恭以精，博于粮，多小信，可游于鲁。楚国之教，巧文以利，不好立大义，而好立小信。蒙孙博于教，而文巧于辞，不好立大义，而好结小信，可游于楚。”〔26〕

《汉书·邹阳传》：“邹鲁守经学，齐楚多辩知，韩魏时有奇节，吾将历问之。”〔27〕

上文谈到，两国“初政”对两国文化产生了巨大影响，也使两国民风有所不同。如上，从一些文献中确实反映出战国秦汉时不同地域的人有着不同性格。鲁人较保守，齐人则较开通。子曰：“狂者进取，狷者有所不为也。”假若仅从字面理解狂、狷的意思，正好可以拿来说明“齐”“鲁”人的性格。且上文也曾引及《史记·扁鹊列传》，证明各地爱好不同，如今人常谈湘、川人爱吃辣，而东南人爱吃甜，都是将地域的大众喜好，或大多数人风俗及文化、性格，在文献上表达的“绝对化”。对于风俗，虽然一定有特例，但泛言无妨。可是因为学者数量是有限的，且分类要求严格，对学派的归类是应避免这种浮泛的方法。学派中的所有学者都应在主要学说或方法上相同、相近才能定为一类，其余若师承、地域等方面都难以作为统一标准，何况西汉经学，前后变化巨大，考虑“齐学”“鲁学”应当是严格的。

首先就所谓“齐学”“鲁学”的代表看：

《史记·儒林列传》：申公独以《诗经》为训以教，无《传》，疑者则阙不传……天子问治乱之事，申公时已八十余，老，对曰：“为治者不在多言，顾力行何如耳。”是时天子方好文词，见申公对，默然。[28]

申公作为《鲁诗》《穀梁传》学史上最为关键的人物，忽略司马迁特意提及的“老”字（“老”字或是司马迁有意书写的，因年老可使人沉稳少言，注重实践），其性格确实与上文谈到的鲁文化“性格”相同。以一语谈力行治国，与所谓“齐学”代表董仲舒动辄千言的《三策》形成鲜明对照。又《鲁诗》纯以训诂传，无《传》。申公的学问，确实像蒙文通先生说的那样谨笃。

但在西汉中期，也就是汉宣帝即位前后一段时间，是学术变化的关键时期，学问风气与汉初又大不相同。就“鲁学”一词的提出者们看：史高史料寡少。韦贤虽位至丞相，《汉书》特为立传，但只是交待其为瑕丘江公弟子，为“邹鲁大儒”。可能是因为政治成就较高，对其学术少有谈及。有据可依的是夏侯胜，《汉书·夏侯胜传》载其从夏侯始昌受《尚书》《洪范五行传》，并好灾异学。灾异事暂且不谈，这里只谈《尚书》学。西汉《尚书》多源自伏生，伏生传张生，张生传夏侯始昌，夏侯胜的《尚书》学若归类当属“齐学”。而蒙文通先生则以为大小夏侯《尚书》为“鲁学”。小夏侯是夏侯建，《汉书》载其“左右采获，又从五经诸儒问与《尚书》相出入者，牵引以次章句，具文饰说”。则又属蒙先生所说“齐学之党为杂取异义”类。如此看，“鲁学”的代表学者有完全符合条件，如申公。有的竟符合“齐学”特点，如大小夏侯。可见蒙先生的分类与实际情况的矛盾。

再就时代学风的变异，也就是“灾异学”兴趣看：

> 《汉书·眭弘传》：孝昭元凤三年正月，泰山莱芜山南匈匈有数千人声，民视之，有大石自立，高丈五尺，大四十八围，入地深八尺，三石为足。石立后有白乌数千下集其旁。是时昌邑有枯社木卧复生，又上林苑中大柳树断枯卧地，亦自立生，有虫食树叶成文字，曰“公孙病已立”，孟推《春秋》之意，以为“石柳皆阴类，下民之象，泰山者岱宗之岳，王者易姓告代之处。今大石自立，僵柳复起，非人力所为，此当有从匹夫为天子者。枯社木复生，故废之家公孙氏当复兴者也。”孟意亦不知其所在，即说曰：“先师董仲舒有言，虽有继体守文之君，不害圣人之受命。汉家尧后，有传国之运。汉帝宜谁差天下，求索贤人，禅以帝位，而退自封百里，如殷周二王后，以承顺天命。”孟使友人内官长赐上此书。时，昭帝幼，大将军霍光秉政，恶之，下其书廷尉。奏赐、孟妄设袄言惑众，大逆不道，皆伏诛。[29]

上引《汉书》眭孟被杀一事，《五行志》等亦有记载。一方面眭孟的确迂腐，不知执政者的底线。两个迂阔、卑微之士凑在一起上书，竟然想让皇帝“禅让”。何况眭孟所说的“先师董仲舒”，就曾因言“灾异”而被汉武帝下狱“警告”。但眭孟犹不以先师为前车之鉴，这恐怕并非偶然，而是“阴阳五行学说”在当时实在深入人心，成为学者们最重要的研究对象，甚至是信仰，谈论禅代并不以为忌讳。元凤三年至宣帝即位四五年，因此事警戒，学者们或许不再“口无遮拦”，但学风业已形成，渐异于武帝之初。所谓的“鲁学”，若在这种学风下毫无改变，不主动添加些所谓“齐学”作风，则绝不能适应现实需要。

察《汉书·艺文志》，也有如《穀梁外传》这类的著作出现。《穀梁传》属蒙先生说的“鲁学”，如何能有《外传》？《汉书·五行志上》载刘向治《穀梁春秋》，“数其旤福，传以《洪范》，与仲舒错”。[30]刘子政以《洪范》述《穀梁传》，完全为顺应时代学风，从而将《穀梁传》研究推向一个高峰。如谨守师法，又如何以《穀梁传》推“灾异”？

综上所述，我们可以说：申公穀梁学是申公之学，刘向穀梁学是刘向之学。两者穀梁学尚且不能相合，何况将西汉经学简单分为“齐学”“鲁学”。

上文曾谈到，如果讨论西周、春秋以及战国时鲁国具体的“鲁学”，为鲁地学人做一个“学案”，从鲁国存在的角度说，不论其内部有什么不同的派别，“鲁学”是合理的。这种合理不是学派，而是以人的籍贯及存在的国家地域划分。西汉中期提出的“鲁学”与“齐学”，作为概念，它首先必须在当时儒家与经学的范围中得以普遍适用。如翼奉、匡衡、萧望之同学于后苍，传《齐诗》。按理说三者都应该属于一个“学派”，但翼奉上书动辄言“灾异”，而匡衡多言礼制、经济，萧望之多谈政事而偶言及“灾异”。个人偏好差异还算明显，所以经学内容的多样性与学者的差别恐怕难以用一种固定学派的标准分类。

又，概念的成立，必然要有一定的现实意义与合理的因素。如西汉常见的“经学”“经术”等词，在先秦并不多见，如果可见，也与西汉的涵义不同。西汉文献中两词的大量出现，是因为实实在在有共同承认的“经学”“经术”存在，并且常常使用。“齐学”“鲁学”则不同，在韦贤等人提出前，没有人提出相同的说法，甚至其后的西汉末东汉之时也很少出现。从此侧面也可得知这两个概念的真实性与价值。

以上，就秦汉儒家对齐、鲁“初政”及伯禽的认识与建构，与“齐学”“鲁学”是否在西汉中期时真的可以成立两个问题作答。可以得出这样的结论：韦贤等人提出“齐学”“鲁学”两个概念依据了战国以降儒家对齐、鲁政治“霸道”与“王道”的认识，政治意图较强，而并不符合实际学术情况。西汉穀梁学作为一门前后变化的学问，也不可将其视为所谓的“鲁学”。今天讨论经学史上“齐学”“鲁学”的意义，恐怕并不如“齐文化”“鲁文化”的意义重大。

注释：

〔1〕［汉］班固：《汉书》卷88《传第五十八·儒林传》，北京：中华书局，2002年，第3618页。

〔2〕“齐学”“鲁学”或可移为《诗经》学上的《齐诗》《鲁诗》，但就《儒林传》中语，韦贤等人的话专就“春秋学”提出。

〔3〕［汉］司马迁：《史记》卷32《世家第二·齐太公世家》，北京：中华书局，2013年，第1785页。

〔4〕［汉］司马迁：《史记》卷32《世家第二·齐太公世家》，北京：中华书局，2013年，第1820页。

〔5〕［汉］司马迁：《史记》卷33《世家第三·鲁周公世家》，北京：中华书局，2013年，第1835页。

〔6〕向宗鲁：《说苑校证》，北京：中华书局，2011年，第169页。

〔7〕裴骃《史记集解》载有两种不同的本子：徐广曰：“一本云‘政不简不行，不行不乐，不乐则不平易；平易近民，民必归之’。又一本云‘夫民不简不易；有近乎简易，民必归之’。”但两本大意相近。

〔8〕许维遹：《吕氏春秋集释》，北京：中华书局，2010年，第255页。原作“鲁公以削”，据其引刘文典校语改。

〔9〕［清］阮元等校刻：《十三经注疏》，北京：中华书局，2013年，第1312－1313页。

〔10〕张纯一：《晏子春秋校注》，北京：中华书局，2014年，第127页。

〔11〕傅亚庶：《孔丛子校释》，北京：中华书局，2011年，第165页。

〔12〕［汉］司马迁：《史记》卷33《世家第三·鲁周公世家》，北京：中华书局，2013年，第1785页。

〔13〕许维遹：《韩诗外传集释》，北京：中华书局，1999年，第117－118页。

〔14〕见《吕氏春秋·贵公》。

〔15〕见《说苑·君道》。

〔16〕［清］王先谦：《荀子集释》，北京：中华书局，2013 年，第 647 - 651 页。

〔17〕［清］阮元等校刻：《十三经注疏》，北京：中华书局，2013 年，第 5384 页。

〔18〕［宋］朱熹：《四书章句集注》，北京：中华书局，2005 年，第 90 页。原书“程子曰”前有分隔号“○”，据本书引文体例删。

〔19〕［汉］司马迁：《史记》卷 105《列传第四十五·扁鹊列传》，北京：中华书局，2013 年，第 3361 页。

〔20〕周勋初等：《韩非子校注》，南京：凤凰出版社，2014 年，第 201 页。

〔21〕周勋初等：《韩非子校注》，第 316 页。原书分为三段，据本书引文体例合为一段。

〔22〕［汉］司马迁：《史记》卷 129《列传六十九·货殖列传》，北京：中华书局，2013 年，第 3950 页。又“而邹、鲁滨洙、泗，犹有周公遗风，俗好儒，备于礼，故其民龊龊。颇有桑麻之业，无林泽之饶。地小人众，俭啬，畏罪远邪。及其衰，好贾趋利，甚于周人”。同卷，3935 页。

〔23〕［汉］司马迁：《史记》卷 124《列传第六十四·游侠列传》，北京：中华书局，2013 年，第 3840 页。

〔24〕［汉］班固：《汉书》卷 88《传第五十八·儒林传》，北京：中华书局，2002 年，第 3618 页。

〔25〕详见蒙文通：《经学抉原》，上海：上海世纪出版集团，2006 年，第 84 - 85 页。

〔26〕［清］黎翔凤：《管子校注》，北京：中华书局，2009 年，第 361 页。

〔27〕［汉］班固：《汉书》卷 51《传第二十一·邹阳传》，北京：中华书局，2002 年，第 2353 页。

〔28〕［汉］司马迁：《史记》卷 121《列传第六十一·儒林列传》，北京：中华书局，2013 年，第 3765 - 3766 页。原书“无传”，“传”无书名线“__”。

〔29〕［汉］班固：《汉书》卷 75《传第四十五·眭弘传》，北京：中华书局，2002 年，第 3153 - 3154 页。

〔30〕“传以《洪范》”当作“傅以《洪范》”，颜师古注：“传字或作傅，读曰附，谓附着。”

刘向春秋学初探

在两汉学术史上，从董仲舒的《三策》到郑玄与何休的交锋，春秋学在很长一段时间内占有学术核心地位。而在两汉春秋学史上，刘向无疑是位大师级的学者。但可以说，给予这样的评价只是一种影响和印象，如果以后世征引及今日存留的刘向春秋学著作来评判，恐怕他只是经学史上一个著名的经师而已。说是影响，因为他确实是西汉末的经学权威，从《汉书·五行志》便可以看出，他在那一时期的重要性几乎与董仲舒相等。而印象，恐怕多来自他的博学能文与整齐文献之功。在后世，如《拾遗记》出现“太乙燃藜”[1]这样的故事也并非偶然。刘向学问来自“神授”，如此待遇并非每个著名学者都可以得到，也应是这种印象造成的。

> 《贞观政要·崇儒学》：左丘明、卜子夏、公羊高、穀梁赤、伏胜、高堂生、戴圣、毛苌、孔安国、刘向、郑众、杜子春、马融、卢植、郑玄、服虔、何休、王肃、王弼、杜预、范宁等二十有一人，并用其书，垂于国胄，既行其道，理合褒崇，自今有事于太学，可并配享尼父庙堂。[2]

上引唐太宗诏书一个片段，所述配享孔庙的二十一人，是从春秋到晋代按时代排列的儒家学者。以时代分期及著作情况看可分为三组：前面的左丘明、卜子夏、公羊高、穀梁赤四人为一组。旧说左丘明作《左传》，《公羊传》《穀梁传》虽始于高与赤，但二人传说皆受业于子夏。此四人可称作经典创始者。后面的郑众至范宁十一人为一组，则是传世经典注释者。中间伏胜、高堂生、戴圣、毛苌、孔安国、刘向六人为一组，他们都是西汉经学大师。其中伏胜、高堂生、戴圣虽与十四博士有关，但选择他们配享的原因是“用其书”，应指《今文尚书》《仪礼》（唐初《书》《礼》本非用伏生、高堂生本，且已亡佚，但毕竟二人有保存文献之功）与《小戴礼记》，并非指十四博士之学。毛苌有《毛诗》，孔安国则因《伪古文尚书》题名孔安国，亦是指用其书。

刘向配享的原因则令人困惑。他虽曾传习《穀梁传》，但未见有什么章句、经说著作。《晋书·五行志下》：“刘向《春秋》说云：‘天戒若曰，勿使大夫世官，将令专事。暝晦，公室卑矣。’”[3]此《春秋》说与《汉书·五行志》一样，皆是据《洪范五行传》推演的灾异学说，不能算作专门的春秋学文本或注释著作，况且这个《春秋》说未必是一种传世的书籍。清人马国翰、王仁俊对刘向《穀梁传》说的辑佚，也只是摘出《穀梁注疏》《汉书·五行志》《晋书·五行志》《说苑》等书中相关资料。若说刘向靠《尚书洪范五行传论》与校雠群书而享祀，则又与其余二十人不伦类。这三组情况虽不一，但皆符合“并用其书”的要求，则刘向最有可能是因传习《穀梁传》而配享的，足见上文所说的印象与影响之大。

一

以往关于刘向春秋学的研究并不多，缺乏对其基本的考述与评介。在已有的成果中，最值得关注的还是章太炎先生《镏子政左氏说》。太炎先生以为桓谭曾与刘向同时，在桓氏所著《新论》，记载了刘向“呻吟《左传》”，则可以说明他贯通《穀梁传》《左传》二学。《说苑》《新序》及《列女传》举《左传》事六七十条，章太炎先生疏证凡三十余则。但《镏子政左氏说》是在光绪三十三年(1907年)，或之前定稿，为太炎先生中年未成熟的著述。[4]且该书是针对当时康有为《新学伪经考》做的一种驳论，故多存曲意，目的不止在纯粹的学术研究。

> 《说苑·修文》：《春秋》曰："庚戌天王崩。"《传》曰："天王何以不书葬？天子记崩，不记葬，必其时也。诸侯记卒，记葬，有天子在，不必其时也。"必其时柰何？天子七日而殡，七月而葬。诸侯五日而殡，五月而葬。大夫三日而殡，三月而葬。士庶人二日而殡，二月而葬。皆何以然？曰：礼不豫凶事，死而后治凶服。衣衰饰，修棺椁，作穿窆宅兆，然后丧文成，外亲毕至，葬坟集。孝子忠臣之恩厚备尽矣。故天子七月而葬，同轨毕至；诸侯五月而葬，同会毕至；大夫三月而葬，同朝毕至；士庶人二月而葬，外姻毕至也。[5]

以上引《说苑》一段，泛说天子以至庶人的殡葬期。文中所谓《传》为《公羊传》，而"故天子七月而葬，同轨毕至"云云确与《左传》隐公三年《传》文相类。章太炎先生《镏子政左氏说》关于此段的论证较长，不俱引。[6]大意以为"必其时柰何"以下都为《左传》说。且不顾此段主旨，转而谈诸侯丧与天子崩同时，诸侯是否需要奔丧。太炎先生又用郑玄说驳许慎《五经异义》引《左传》说，并且以为荀子为《左传》先师，直接引用《荀子》语佐证。

暂且不论荀子是否为《左传》先师，郑康成用郑游吉、王吏言行是否为经学中的"正义"，太炎立说所引的材料，都是为了牵合他想谈的礼制，《说苑》引《公羊传》言"有天子在"，太炎偏谈"天子不在"。孤立地研究文本中一句话而广说群经的异同，不考虑文献整体状况和经典所述语句的用意指向，这种方式与东汉经师惯用的说经方式相近。太炎先生可以说深得此法，而《镏子政左氏说》也可以说是类似于东汉家数的合格经学著作。汉儒的逻辑并不完善，其情可谅，而章太炎不仅沿用旧方法，且对如荀子为《左传》先师这种并无太多根据的清人旧说，不加复核而沿用，则是不合格的考据著作，不足以反映刘向春秋学的真实状况。

案先师刘向以博闻著称，又是笃实的学问人。《汉书》载其长久且专心的思考经学问题，白天讽诵经、传，晚上则观察天象，甚至整夜不眠。且刘向"领校秘书"，可以说是读尽当时天下书了。《新序》《说苑》《列女传》等又非正式的说经著作，只能算作前人故事、义理旧说的汇集，用《左传》文字及相关学说不足为奇。

> 《新序·节士》：曹公子喜时，字子臧，曹宣公子也。宣公与诸侯伐秦，卒于师。曹人使子臧迎丧，使公子负刍与太子留守，负刍杀太子而自立。子臧见负刍之当主也，宣公即葬，子臧将亡，国人皆从之。负刍立，是为成公。成公惧，告罪，且请子臧，子臧乃返，成公遂为君。其后晋侯会诸侯，执曹成公，归之京师，将见子臧于周天子而立之。子臧曰："前记有之曰：圣达节，次守节，下失节。为君，非吾节也，虽不为圣，敢失守乎。"遂亡奔宋。曹人数请于晋，晋侯谓子臧返国，吾归尔君。于是子臧返国，晋乃言天子，归成公于曹，子臧遂以国致成公，成公为君，子臧不出，曹国乃安。子臧让千乘之国，可谓贤矣，故《春秋》贤而褒其后。[7]

如上引《新序》一段，对比《左传》成公十三年《传》："既葬，子臧将亡，国人皆将从之。成公乃惧，告罪，且请焉。乃反而致其邑。"成公十五年《传》："诸侯将见子臧于王，而立之。子臧辞曰：'前志有之曰：圣达节，次守节，下失节。为君，非吾节也。

虽不能圣，敢失守乎。’遂逃奔宋。”《新序》文与《左传》文相近，只是改编年为纪事本末，可以当作刘向有取于《左传》的明证。但《新序》《说苑》及《列女传》借事谈理者多，谈礼制者虽有不少，但绝非是择取“三传”异说谈礼制异同的著作。如前文所说，太炎所用，是偏于许慎、郑玄的说经视角，绝非刘向整理《新序》《说苑》的视角。[8]该书是清末民初，针对廖季平《古今学考》、康南海《新学伪经考》的一种反应，也是一种学术潮流，而非相对科学的对刘向春秋学的征实之作。

二

章太炎以《镏子政左氏说》证刘向兼通《左传》《穀梁传》，有意排斥公羊学。但如《说苑》中所载经学内容，最多的恰恰是《公羊传》所说：

> 《说苑·奉使》：春秋之辞，有相反者四：既曰大夫无遂事（见桓公八年、庄公十九年、僖公三十年及襄公二年《公羊传》文）。不得擅生事矣；又曰出境可以安社稷、利国家者，则专之可也（见庄公十九年《公羊传》文）。既曰大夫以君命出，进退在大夫矣（见襄公十九年《公羊传》文）；又曰以君命出，闻丧徐行而不反者何也（宣公八年《公羊传》文）。[9]
>
> 《说苑·修文》：春秋曰：“正月，公狩于郎。”《传》曰：“春曰苗，秋曰搜，冬曰狩。”（见桓公四年《公羊传》）苗者柰何？曰：苗者，毛也。取之不围泽，不揜群。取禽不麛卵，不杀孕重者。秋搜者，不杀小麛及孕重者。冬狩皆取之。百姓皆出，不失其驰，不抵禽，不诡遇，逐不出防，此苗、搜、狩之义也。故苗、搜、狩之礼，简其戎事也。故苗者，毛取之。搜

者，搜索之。狩者，守留之。夏不田何也？曰：天地阴阳盛长之时，猛兽不攫，鸷鸟不搏，蝮虿不螫，鸟兽虫蛇且知应天，而况人乎哉？是以古者必有豢牢。其谓之田何？圣人举事必返本。五谷者，以奉宗庙，养万民也。去禽兽害稼穑者，故以田言之，圣人作名号而事义可知也。（向宗鲁：“此用《公羊·桓四年传》义，又略见《春秋繁露·深察名号篇》。《公羊》三时田之说，与《周礼》《左传》《尔雅》《穀梁》并异。”）[10]

《说苑·辨物》：由此观之：《春秋》乃正天下之位，征阴阳之失。直责逆者，不避其难，是亦《春秋》之不畏强御也。故劫严社而不为惊灵，出天王而不为不尊上，辞蒯聩之命不为不听其父，绝文姜之属而不为不爱其母，其义之尽耶？其义之尽耶？[11]（《春秋繁露·精华》：此亦《春秋》之不畏强御也。故变天地之位，正阴阳之序，直行其道而不忘其难，义之至也。是故胁严社而不为不敬灵，出天王而不为不尊上，辞父之命而不为不承亲，绝母之属而不为不孝慈，义矣夫。）[12]

以上选《说苑》三则，《奉使》一段总结《公羊传》相反者“四科”，《修文》一段直用《公羊传》礼说，而《辨物》一段用董仲舒语。这只是《说苑》中有代表性的三则，相似用《公羊传》说的段落数量还很多，不必说多过《左传》，甚至远超用刘向所传习的经典《穀梁传》说的数量。这种情况并非偶然，西汉公羊学最为兴盛，可采用的先师说必然最多，且也不排除有刘向个人情感的一些倾向：

《汉书·董仲舒传》：刘向称“董仲舒有王佐之材，虽伊吕亡以加，筦晏之属，伯者之佐，殆不及也。”至向子歆以为“伊吕乃圣人之耦，王者不得则不兴。故颜渊死，孔子曰‘噫！天

> 丧余。’唯此一人为能当之，自宰我、子赣、子游、子夏不与焉。仲舒遭汉承秦灭学之后，六经离析，下帷发愤，潜心大业，令后学者有所统壹，为群儒首。然考其师友渊源所渐，犹未及乎游夏，而曰筦晏弗及，伊吕不加，过矣。”至向曾孙龚，笃论君子也，以歆之言为然。〔13〕

刘向博阅当时图籍，对伊、吕、管、晏事迹必然清楚，而评价董生几同于伊、吕。案董仲舒对儒学与经学的贡献在中国历史上的确难以匹敌，但并未辅佐汉武帝达成所谓“三代之治”。“虽伊吕亡以加”，确有褒扬过度之嫌，就连不肖子及贤曾孙都以为不妥。但刘向此语也应出于真心，足见刘向非常崇敬董生的学识与功业。《说苑》《新序》等本来便是文献的重新整编，编辑者刘向采用些“偶像”及其后学的观点也不足为奇。而刘向对董的学习并不止于此，董仲舒得到“为群儒首”的称号也并非是靠纯粹的《公羊传》经义之学。

> 《汉书·五行志上》：汉兴，承秦灭学之后，景、武之世，董仲舒治《公羊春秋》，始推阴阳，为儒者宗。宣、元之后，刘向治《穀梁春秋》，数其祸福，传以《洪范》，与仲舒错。至向子歆治《左氏传》，其《春秋》意亦已乖矣；言《五行传》，又颇不同。是以擥仲舒，别向、歆，传载眭孟、夏侯胜、京房、谷永、李寻之徒所陈行事，讫于王莽，举十二世，以傅《春秋》，着于篇。〔14〕

春秋学之于西汉学术，有似于四书于宋明理学，都是一个时代学术的关键。对于《春秋》本义的研究称为经学，以《春秋》推“五行”在汉人看亦为经学，且在西汉中后期显得更为重要。《汉书》篇幅最大者无过《五行志》，足见两汉之际学风。而自董仲舒以《公羊传》推阴阳，学风便有转移。

> 《汉书·董仲舒传》：仲舒治国，以《春秋》灾异之变推阴阳所以错行，故求雨，闭诸阳，纵诸阴，其止雨反是；行之一国，未尝不得所欲。中废为中大夫。先是辽东高庙、长陵高园殿灾，仲舒居家推说其意，中稾未上，主父偃候仲舒，私见，嫉之，窃其书而奏焉。上召视诸儒，仲舒弟子吕步舒不知其师书，以为大愚。于是下仲舒吏，当死，诏赦之。仲舒遂不敢复言灾异。[15]

上引《汉书》载董生下狱始末。蒙文通先生以为，灾异学与经学是两种学问，故"仲舒弟子吕步舒不知其师书"。但如果灾异学与经学是两种学问，吕步舒本来在朝，若其不通灾异学，应为汉武帝所知，何必因其为董生弟子而见招。以理推求：董生以"《春秋》灾异之变推阴阳"前后的观点有差异，以前的学生不清楚现在的学说。而在董生之前，所谓的"齐学"已有据阴阳五行谈"经学"的学者，[16]董生的工作便是据《公羊传》重新建立一种新的五行学说，故而草创之中难免先后有所变化。董仲舒便是靠这一开创之功，成为群儒首。

到了两汉之际，这种以《春秋》推"灾异"的学问已成为显学。从向、歆对董仲舒的评价，从班固《五行志》文字数量，又从史籍美化董生灾异学"行之一国，未尝不得所欲"可见一斑。[17]而刘向的成功就在于效仿了他的偶像董仲舒，以《穀梁传》《洪范五行传》建立另一系统的灾异学。他的系统"与仲舒错"，是《穀梁传》"齐学化"或称"董仲舒化"的最关键一步。

虽然西汉儒者的灾异学于今人看幼稚且机械，但在当时则是整个国家的普遍信仰。故而刘向的穀梁学靠灾异取得了和董仲舒在公羊学上的同等地位。

董与刘据《春秋》谈灾异，《汉书·五行志上》中保留较多，足见其方法及异同：

> 《汉书·五行志上》：春秋桓公十四年“八月壬申，御廪灾”。董仲舒以为先是四国共伐鲁，大破之于龙门。百姓伤者未瘳，怨咎未复，而君臣俱惰，内怠政事，外侮四邻，非能保守宗庙终其天年者也，故天灾御廪以戒之。刘向以为御廪，夫人八妾所舂米之臧以奉宗庙者也，时夫人有淫行，挟逆心，天戒若曰，夫人不可以奉宗庙。桓不寤，与夫人俱会齐，夫人谮桓公于齐侯，齐侯杀桓公。刘歆以为御廪，公所亲耕籍田以奉粢盛者也，弃法度亡礼之应也。[18]

上引《五行志》一段。董仲舒所谓“四国共伐鲁”，在桓公十三年二月。所谓“百姓伤者未瘳”，徐彦《公羊疏》引《春秋说》云：“龙门之战，民死伤者满沟”。刘向所谓“夫人有淫行”，则指夫人文姜私通齐侯，其行事详见于庄公经文。所谓“夫人谮桓公于齐侯，齐侯杀桓公”则在桓公十八年。其基本方法是以发生灾异前后一段时间的非常之事与无德之行等，与该灾异相联系，更类于《左传》的以事解经。

> 《汉书·五行志上》：春秋成公十六年“正月，雨，木冰”。刘歆以为上阳施不下通，下阴施不上达，故雨，而木为之冰，雰气寒，木不曲直也。刘向以为冰者阴之盛而水滞者也，木者少阳，贵臣卿大夫之象也。此人将有害，则阴气胁木，木先寒，故得雨而冰也。是时叔孙乔如出奔，公子偃诛死。一曰，时晋

执季孙行父，又执公，此执辱之异。或曰，今之长老名木冰为“木介”。介者，甲。甲，兵象也。是岁晋有鄢陵之战，楚王伤目而败。属常雨也。[19]

上引《五行志》一段则反映了刘向等《春秋》灾异学的基本原理即是因人事不正而导致阴阳不协，从而五行错乱而生异象。刘向与董生不同者，就在于所取事、情不同，或与“象”对应的阴阳五行不同。而相同者亦不少，今在《五行志上》中如“宣公十六年‘夏，成周宣榭火’。榭者，所以臧乐器，宣其名也。董仲舒、刘向以为十五年王札子杀召伯、毛伯，天子不能诛”云云，[20]“定公二年‘五月，雉门及两观灾’董仲舒、刘向以为此皆奢僭过度者也”云云，[21]“哀公三年‘五月辛卯，桓、釐宫灾’。董仲舒、刘向以为此二宫不当立，违礼者也”云云，[22]又“四年‘六月辛丑，亳社灾’。董仲舒、刘向以为亡国之社，所以为戒也”云云。[23]都是董、刘相同的例子。

三

刘向以《穀梁传》建立的灾异学颇为重要，虽然不具有原创性，但最能反映两汉之际的政治、学术特征。可惜相关文献只剩残章断片，难以看到全体，不能较精准地复原完整的学说。而相较灾异学，现存文献可以看到刘向较为纯粹的阐释《春秋》与《穀梁传》的义理内容就更少了。

定公二年《经》：“夏，五月，壬辰，雉门及两观灾。”《传》：“其不曰雉门灾及两观，何也？灾自两观始也，不以尊者亲灾也。先言雉门，尊尊也。”杨士勋《疏》：“解，刘向云：

‘雉门，天子之门。而今过鲁制，故致天灾也。’”

定公二年《经》：“冬，十月，新作雉门及两观。”《传》：“言新，有旧也。作，为也，有加其度也。”杨士勋《疏》：“重发传何？解此灾而更修，嫌与作南门异，故发传以同之。灾恶，故尊雉门，推灾而远之。今新作美好之事，雉门虽不正，尊雉门可以亲之。”

以《春秋》某《传》言灾异，其基础应是不背离合理的《传》义。也就是在阐释过程中，经学必须先于灾异成立。这一点在任何时代，经学家都必须承认，否则灾异学完全可以脱离文本独立成说。假如附会文本，不顾原意立说，虽然借重了“圣人”所创作的文本，但文本的权威被一定程度上取消，不仅经学遭到破坏，灾异学说也难以发挥充分。如上引两段《注疏》，是前后有所关涉的一件事。假若《传》不以“雉门”过制，而刘向以为“过制”，则是以灾异强行附会《经》文，这样的学说是灾异先于经学。

考核这一问题，重点在第二段的关键词“作”上。经言“作”皆为不当作，合并“作”“新作”来看，又有种种别。

“作”有“不正”者：

成公元年《经》：“三月，作丘甲。”《传》：“作，为也。丘为甲也。丘甲，国之事也。丘作甲，非正也。”

襄公十一年《经》：“十有一年，春，王正月，作三军。”《传》：“作，为也。古者天子六师，诸侯一军。作三军，非正也。”

有正却不时者：

文公二年《经》："（二月）丁丑，作僖公主。"《传》："作，为也，为僖公主也。立主，丧主于虞，吉主于练。作僖公主，讥其后也。作主坏庙，有时日于练焉。坏庙，坏庙之道。易檐可也，改涂可也。"

有并非是"作"，而是"加其度"者：

僖公二十年《经》："二十年，春，新作南门。"《传》："作，为也，有加其度也。言新，有故也，非作也。南门者，法门也。"

本则与僖公二十年同。而《疏》称"雉门虽不正"云云，是依据该年《经》文"夏，五月，壬辰，雉门及两观灾"，杨《疏》引刘向说："雉门，天子之门。而今过鲁制，故致天灾也。"《汉书·五行志上》："董仲舒、刘向以为此皆奢僭过度者也"，与杨世勋引刘向说义同。

《公羊传》："两观微也。"何卲公注："雉门两观，皆天子之制，门为其主，观为其饰，故微也。"徐彦疏："知如此者，正以昭二十五年，《传》云'子家驹曰：诸侯僭天子久矣，设两观'云云者，此皆天子之礼。然则两观既为天子之礼，天恶其僭，故灾之。则知雉门与之同灾者，亦僭明矣，故云雉门及两观，皆天子之训也。若然，昭二十五年子家驹不言雉门为僭者，正以天子诸侯皆有雉门，但形制殊耳。若然，雉门为僭，于辞为负矣。宁知非是主灾两观，因及雉门而已？故子家驹不数雉门为僭，而何氏必言雉门亦如天子之制者，正以下文'新作雉门及两观'之下，《传》云'不务公室'，既言不务如公室之礼，则知天子明矣。”[24]

上引《公羊传》及何注、徐疏可知，何卲公亦以为鲁不当有“雉门”。而徐彦《疏》有所疑问，并引前《公羊传》文证。最后又回护何注，将“不务公室”增字为训，曲解为“不务如公室之礼”。察群经《注疏》，关于诸侯国到底有没有“雉门”是有争议的：

《毛诗·大雅·绵》：“乃立皋门，皋门有伉。乃立应门，应门将将。”郑笺：“诸侯之宫，外门曰皋门，朝门曰应门，内有路门。天子之宫，加以库、雉。”孔颖达正义：“郑以《檀弓》云：‘鲁庄公之丧，既葬而绖，不入库门。’《春秋》定二年：‘雉门及两观灾。’是鲁有库门、雉门也。《明堂位》云：‘库门，天子皋门。雉门，天子应门。’是则名之曰库、雉，制之如皋、应。鲁以周公之故，成王特褒之，使之制二兼四，则其余诸侯不然矣。”[25]

《礼记·明堂位》：“大庙，天子明堂。库门，天子皋门。雉门，天子应门。”郑注：“天子五门：皋、库、雉、应、路。鲁有库、雉、路，则诸侯三门与?”孔颖达正义：“此经有库门、雉门，又《檀弓》云‘鲁庄公之丧，既葬而绖，不入库门’，定二年雉门灾，是鲁有库、雉，则又有路门可知。鲁既有三门，则余诸侯亦有三门，故云‘诸侯三门与?’”[26]

《周礼·秋官司寇·朝士》：“朝士掌建邦外朝之灋，左九棘，孤卿大夫位焉，群士在其后。右九棘，公侯伯子男位焉，群吏在其后。面三槐，三公位焉，州长众庶在其后。左嘉石，平罢民焉。右肺石，达穷民焉。”郑康成引郑众王有五门之说，并云：“玄谓《明堂位》说鲁公宫曰‘库门，天子皋门。雉门，天子应门。’言鲁用天子之礼，所名曰库门者，如天子皋门。所名曰雉门者，如天子应门。此名制二兼四，则鲁无皋门、应门矣。”[27]

孔颖达《毛诗正义》以为鲁为诸侯，独有“雉门”，合礼。而《礼记正义》则顺郑注之疑，又以为诸侯皆有。《礼记》郑注，康成尚有疑问，似不知诸侯是否有“雉门”。《周礼》郑注，则又可明确郑康成认为鲁有“雉门”。汉、唐时就存在的争议且无新材料补证，似乎今人更难解决。但《明堂位》明言鲁国有雉门，虽然其成篇应在战国末年，[28]但毕竟较古。更重要的是，考《穀梁传》文，不言鲁有雉门为不正，只是说“新作”“加其度”为“不正”，且说“虽不正也，于美犹可也”，谓“雉门”经火，加其度是不正的，而美饰一下可以。则言外之意是不为僭制。从《穀梁传》一家之学可以说鲁国可有雉门了。

《明堂位》刘向必然是读过的，《穀梁传》文他也一定涵泳过。鲁国有雉门不论从《穀梁传》本证或《明堂位》的旁证都容易推出。可以说，刘向因说“灾异”而强行附会、曲解经文，杨疏因先师刘向说又误。这里再看一下《公羊传》说：

定公二年《经》：“夏，五月，壬辰，雉门及两观灾。”《公羊传》：“其言雉门及两观灾何？两观微也。然则曷为不言雉门灾及两观？主灾者两观也。时灾者两观，则曷为后言之？不以微及大也。何以书？记灾也。”

定公二年《经》：“冬，十月，新作雉门及两观。”《公羊传》：“其言新作之何？修大也。修旧不书，此何以书？讥。何讥尔？不务乎公室也。”

《春秋繁露·王道》：“作南门。刻桷，丹楹，作雉门及两观。筑三台，新延厩，讥骄溢不恤下也。”[29]

对比《公羊传》文及《春秋繁露》，则同样都无“雉门”过制之说。且“不务乎公室”与“讥骄溢不恤下”两说颇为笃实。《五行志》所谓“董仲舒说”与此相悖，不知何据。而过制为僭越，“不务乎公室”为堕政。以大多数古代师儒观念，僭越的罪过恐怕远大于堕政。不言“过制”而只言“不务乎公室”“讥骄溢不恤下”，于理不合。是《五行志》所载董生说，或为董仲舒后的公羊学家，如严、颜等博士传闻，但不可考知，当阙疑不论。刘向未细查《穀梁传》文，且或受《五行志》中所载“董仲舒说”的影响而至误则是事实。如上分析一例，从侧面反映了刘向为了谈“灾异”或是忽略或是曲解了“经义”，重视《穀梁传》的“灾异学”甚于《穀梁传》的“经学”。

四

刘向对《穀梁传》“经义”的发扬并非是毫无功绩，如“谨始”。隐公元年《经》：“元年，春，王正月。”《传》：“虽无事，必举正月，谨始也。”

> 《说苑·建本》：孔子曰：“君子务本，本立而道生。”夫本不正者末必陭，始不盛者终必衰。《诗》云：“原隰既平，泉流既清”。本立而道生，《春秋》之义；有正春者无乱秋，有正君者无危国。《易》曰：“建其本而万物理，失之毫厘，差以千里”。是故君子贵建本而重立始。[30]
>
> 《说苑·建本》：魏武侯问“元年”于吴子，吴子对曰：“言国君必慎始也。”“慎始奈何？”曰：“正之。”“正之奈何？”曰：“明智。”“智不明何以见正？”“多闻而择焉，所以明智也。是故古者君始听治，大夫而一言，士而一见，庶人有谒，必达，

公族请问，必语，四方至者勿距，可谓不壅蔽矣；分禄必及，用刑必中，君心必仁，思君之利，除民之害，可谓不失民众矣；君身必正，近臣必选，大夫不兼官，执民柄者不在一族，可谓不权势矣。此皆《春秋》之意，而元年之本也。[31]

上引《说苑》两则，皆就《穀梁传》元年大义“谨始”发挥。虽然未必为刘向本人的经说，但《说苑》毕竟为其所编，此义应被刘向认同。但“谨始”是否为“元年大义”，杨士勋则有不同见解：

范宁《春秋穀梁传序》：“《穀梁》清而婉，其失也短。”杨士勋《疏》：“云‘其失也短’者，谓元年大义而无传，益师不日之恶略而不言是也。”

隐公元年《经》：“元年，春，王正月。”《传》：“虽无事，必举正月，谨始也。”范宁注：“谨君即位之始。”《疏》：此言“无事”，直据正月无即位之事，非是通一时无事也。云“谨始也”者，谨人君即位之始。

案上，《传》言“无事”，是言经文正月无事，不可增字解为“无即位之事”。定公元年《经》言：“戊辰，公即位。”《传》云：“内之大事日。即位，君之大事也。其不日何也？以年决者，不以日决也。”是可知《穀梁传》之义，国内的大事书日，“即位”虽然为本国大事，但“以年决”，也就是“即位”系于“元年”，并不系于某月某日。故说“直据正月无即位之事”是有误的。杨士勋之所以误解了“无事”，是源于他对《穀梁传》“元年”与“谨始”的错误认识。

案“元年大义”各家说又不同。《左传》也并没有明显的“大义”，只说“元年，春，王周正月。”而《公羊传》最为显明：“元年者何？君之始年也。春者何？岁之始也。王者孰谓？谓文王也。曷为先言王而后言正月？王正月也。何言乎王正月？大一统也。”董、何分别有所诠释，这里不作引述。《汉书·路温舒传》载其上书云：“臣闻《春秋》正即位，大一统而慎始也。”“大一统”为《公羊传》“元年大义”。“慎始”则是《穀梁传》之“谨始”。是汉儒有认同《穀梁传》的“谨始”为“元年大义”者。

“谨始”有何“资格”与《公羊传》的“大一统”同为《春秋》的“元年大义”？案，隐公元年《传》云：“必举正月，谨始也。”是“谨始”必举正月。定公元年《经》云：“元年春，王。”《传》云：“不言正月，定无正也。定之无正，何也？昭公之终，非正终也。定之始，非正始也。昭无正终，故定无正始。”是“正月”有“居正”之义。“谨始”而书“正月”，是“谨始”有“居正”之义。又桓公元年《传》云：“桓无王，其曰王，何也？谨始也。”是“谨始”有“尊王”义。从《穀梁传》文中便可推求出，“谨始”有“居正”“尊王”之义，绝不仅仅是简单的“谨人君即位之始”。杨士勋将“谨始”的“大义”忽略，从而得出了《穀梁传》无“元年大义”的错误结论。

而杨士勋所关注的“元年大义”则倾向于杜预的“体元以居正”与何邵公“继天奉元”一类的说法，也就是非常重视“元”的解释。

> 杨《疏》云：“元年实是一年，正月实为一月，而别为立名，故范引杜预之言以解之。元者气之本，善之长，人君当执大本，长庶物，欲其与元同体，故年称元也。正者直方之间语，直其行，方其义，人君当秉直心，仗大义，欲其常居正道，故月称正也。以其君之始年，岁之始月，故特立此名以示义。其余皆即从其数，不复改也。”

这一段说“元年”与“正月”，虽属经学常见的诠释方法，但颇为迂曲。案元者，首也。“元年”之说起于何时不可考，察两周彝器铭文，凡某王“一年”皆曰“元年”，孔子作《春秋》并未“变一为元”。[32]“元年实是一年，正月实为一月，而别为立名”，这类的经学诠释，本是不合于史实且无益的求之过深。《公羊传》《穀梁传》经、传皆无明文，不必牵强述“体元”之义。

又隐公九年《经》：“秋，七月。”《传》曰：“无事焉，何以书？不遗时也。”桓公元年《经》云：“冬，十月。”《传》曰：“无事焉，何以书？不遗时也。《春秋》编年，四时具而后为年。”是非君即位之年，若一时无事必书此时的首月：春书正月，夏书四月，秋书七月，冬书十月。若一时有事，则书不书月随事而定，此是通例。隐公元年三月有事，则四时已具，又书无事之正月。故《穀梁传》是据这一问题而发问。

以上插叙一段驳杨士勋说，在此基础上可以看出：“三传”元年，《左传》言“周正月”，奉周历法，有尊周义；《公羊传》“元年”与“春”，直释即位与岁始，“王正月”与“大一统”有尊王义；《穀梁传》之义，在“居正”与“尊王”。是《穀梁传》不独有“元年大义”，且其义最为醇备。即以今人从非儒家及经师的角度直观地看，《公羊传》的“大一统”有些迂阔，而《穀梁传》的“谨始”则特别笃实。此义在汉儒中有所讨论，刘向则有所关注，这是刘向在保存发扬穀梁学说上可称道的方面。但关于刘向《穀梁传》义的阐释，以今日残存篇章来看，实在还是太少了。

《穀梁传》看似是《春秋》传记中最简单、朴质者，但无论以儒先的角度还是今人的视角看，相较于《左传》的“巫”与“艳”，《公羊传》的“迂”与“怪”，它的义理是最为平正的。这一点尤其可贵，也是最可发挥的地方。台湾学者周何先生《〈春秋穀梁传〉传授源流考》第四节“《穀梁传》之优点”集古人评论《穀梁传》

之言：如晁公武《郡斋读书志》："'三传'之学，《穀梁》所得最多。"孙觉《春秋集解序》："以三家之说校其当否，《穀梁》最为精深。"朱彝尊《经义考》引胡安国云："义莫精于《穀梁》。"[33]宋儒最善义理，尤其胡安国为《春秋》大家，对《穀梁传》有这样高的评价，可知《穀梁传》在义理上自有其卓越处。而刘向顺应时代学风，更偏于用《穀梁传》建立灾异学，没有抓住《穀梁传》宣、元时代的大兴时机，努力在经义上探索，积累相关的理论，给予后人启示。以至于后来《穀梁传》没有出现何卲公《公羊解诂》这类集大成而又形成完备独立体系的阐释著作。虽有范宁、杨士勋、钟文烝、廖平、柯劭忞等后继大学者的努力，但总体来说，自刘向卒后至于今日，穀梁学不曾复兴起来。魏晋以降，灾异学式微且异化，但范宁过度机械强化了《穀梁传》中的"时月日例"，再一次将穀梁学的发展带上了错误的方向。可以说，刘向与范宁是穀梁学史上最重要的两位学者，同时也是最大的破坏者。

刘向虽然有一些文辞温厚、优美的疏奏采用了《穀梁传》义理，虽然把穀梁传学推上了历史的顶峰，但作为一位儒先，在义理上可谓深负先师哲匠。不过，像申公劝告汉武帝"为治者不在多言，顾力行何如耳"一句正大笃实一样，刘向廉靖忠款，好学敬肃，不仅是"经师"，更是"人师"，千载之下，犹可以称述。

注释：

〔1〕详见齐治平：《拾遗记校注》，北京：中华书局，2015年，第135页。

〔2〕［唐］吴兢：《贞观政要》，上海：上海古籍出版社，1984年，第217页。

〔3〕［唐］房玄龄等：《晋书》卷29《志第十九·五行下》，北京：中华书局，2003年，第889页。原书"春秋说"有书名线。

〔4〕详见马勇：《镏子政左氏说整理说明》，《章太炎全集·第二辑》，上海：上海人民出版社，2015年，第240－242页。

〔5〕向宗鲁：《说苑校证》，北京：中华书局，2011年，第493页。

〔6〕详见章太炎：《镏子政左氏说》，《章太炎全集 · 第二辑》，上海：上海人民出版社，2015 年，第 209 – 212 页。案原书标点多误。

〔7〕石光瑛：《新序校释》，北京：中华书局，2009 年，第 848 – 852 页。

〔8〕金春峰《汉代思想史》以为石渠阁会议使《穀梁传》兴起，也是礼教的兴起，礼学在此时有极大发展。但十四博士之学都是在那个时期开创，不仅仅是礼学，后世闻名的经师，都生活在昭宣之际。且此时礼学也与东汉中后期的礼学不同。可以说西汉中后期，春秋学以及它衍生的“灾异”之学，始终还是经学的核心。

〔9〕向宗鲁：《说苑校证》，北京：中华书局，2011 年，第 292 – 293 页。括号中内容为笔者加，与向氏注有异同。

〔10〕向宗鲁：《说苑校证》，北京：中华书局，2011 年，第 489 页。

〔11〕向宗鲁：《说苑校证》，北京：中华书局，2011 年，第 451 – 452 页。

〔12〕［清］苏舆：《春秋繁露义证》，北京：中华书局，2002 年，第 87 页。

〔13〕［汉］班固：《汉书》卷 56《传第二十六 · 董仲舒传》，北京：中华书局，2002 年，第 2526 页。

〔14〕［汉］班固：《汉书》卷 27 上《志第七上 · 五行志上》，北京：中华书局，2002 年，第 1317 页。

〔15〕［汉］班固：《汉书》卷 56《传第二十六 · 董仲舒传》，北京：中华书局，2002 年，第 2524 页。

〔16〕“齐学”是未必存在的概念，这里借指伏生以下好用五行学说附会经义的传统。

〔17〕“行之一国，未尝不得所欲”，语本司马迁《儒林传》，以今人科学看，若是纪实，也应偶合。而司马迁、班固应是崇信而美化。

〔18〕［汉］班固：《汉书》卷 27 上《志第七上 · 五行志上》，北京：中华书局，2002 年，第 1321 页。

〔19〕［汉］班固：《汉书》卷 27 上《志第七上 · 五行志上》，北京：中华书局，2002 年，第 1319 – 1320 页。

〔20〕详见［汉］班固：《汉书》卷 27 上《志第七上 · 五行志上》，北京：中华书局，2002 年，第 1323 页。

〔21〕详见［汉］班固：《汉书》卷 27 上《志第七上 · 五行志上》，北京：中华书局，2002 年，第 1329 页。

〔22〕详见［汉］班固：《汉书》卷 27 上《志第七上 · 五行志上》，北京：

中华书局，2002年，第1330页。

〔23〕详见［汉］班固：《汉书》卷27上《志第七上·五行志上》，北京：中华书局，2002年，第1330页。

〔24〕［清］阮元等校刻：《十三经注疏》，北京：中华书局，2013年，第5074页。

〔25〕［清］阮元等校刻：《十三经注疏》，北京：中华书局，2013年，第1099-1100页。

〔26〕［清］阮元等校刻：《十三经注疏》，北京：中华书局，2013年，第3227-3228页。

〔27〕［清］阮元等校刻：《十三经注疏》，北京：中华书局，2013年，第1895页。

〔28〕参见本师王锷先生：《礼记成书考》，北京：中华书局，2007年，第274-282页。

〔29〕［清］苏舆：《春秋繁露义证》，北京：中华书局，2002年，第121页。

〔30〕向宗鲁：《说苑校证》，北京：中华书局，2011年，第56页。

〔31〕向宗鲁：《说苑校证》，北京：中华书局，2011年，第57页。

〔32〕如师酉簋："隹王元年正月。"（集成04288）曶鼎："隹王元年六月既望乙亥。"（集成02838）元年师兑簋："隹元年五月初吉甲寅。"（集成04274）师虎簋："隹元年六月既望甲戌。"（集成04316）蔡簋："隹元年既望丁亥。"（集成04340）师訇簋："隹元年二月既望庚寅。"（集成04342）伯吕父盨："隹王元年六月既眚霸庚戌。"（铭图05635）逆钟："唯王元年三月既生霸庚申。"（集成00060）

〔33〕周何：《〈春秋穀梁传〉传授源流考》，台北："国立"编译馆，2002年，第52页。

郑玄穀梁学考述

郑玄是中国经学史上“括囊大典，网罗众家”的杰出学者。据《后汉书·郑玄传》等史籍及其传世著作看，他曾为《易》《书》《诗》、三礼及一些纬书作注，独不见春秋学的注释著作。《世说新语·文学》载，郑玄将自己所注《春秋传》赠与服虔参考，才有了《左传》的服氏注。但孔颖达《春秋正义》中往往列举郑、服异同，[1]有学者根据这一情况，以为康成独有《左传注》。[2]但多数学者还是认同《世说》，以为康成《左传注》未成书。

郑玄关于《春秋》内容的探讨，今天还能见到的是针对何休“三阙”的《发墨守》《针膏肓》《起废疾》及针对许慎《五经异义》的《驳五经异义》等一些佚文、残篇。但可以肯定的是，康成并未对《穀梁传》作注。且据《后汉书》本传，郑玄的访学过程较为清晰，他先师事京兆第五元先，通《京氏易》《公羊春秋》《三统历》《九章算术》，又从东郡张恭祖受《周官》《礼记》《左氏春秋》《韩诗》《古文尚书》，后问学于马融。也就是说郑玄对《左传》《公羊传》都有过专门的学习，唯独未见对《穀梁传》的学习经历。但郑玄对《穀梁传》的评价是一个值得关注的问题。

《礼记·王制》：“天子诸侯无事，则岁三田，一为乾豆，二为宾客，三为充君之庖。”郑玄注云：“三田者，夏不田，盖夏时也。《周礼》‘春曰蒐，夏曰苗，秋曰狝，冬曰狩’。”孔颖达《正义》引郑玄云：“四时皆田，夏殷之礼。《诗》云：‘之子于苗，选徒嚣嚣。'夏田明矣。孔子虽有圣德，不敢显然改先王之法，以教授于世。若其所欲改，其阴书于《纬》，藏之以传后王。《穀梁》四时田者，近孔子故也。《公羊》正当六国之亡，谶纬见读，而传为三时田，作《传》有先后，虽异，不足以断《穀梁》也。"〔3〕

杨士勋《春秋穀梁传序疏》："故郑玄《六艺论》云：'《左传》善于礼，《公羊》善于谶，《穀梁》善于经。'是先儒同遵之义也。言'《左传》善于礼'者，谓朝聘、会盟、祭祀、田猎之属不违周典是也。'《公羊》善于谶'者，谓黜周、王鲁及龙门之战等是也。'《穀梁》善于经'者，谓大夫日卒，讳莫如深之类是也。其'三传'是非，序文自具。"〔4〕

上引两则唐初学者转引郑玄著作中的话，就是后来学者常提及郑玄认为《穀梁传》"近孔子"与"善于经"观点的来源。如果断章取义来看，"近孔子"与"善于经"，无疑是郑玄对《穀梁传》持有的极高评价。

但是，不论是驳何休还是许慎，今天我们能看到的郑玄对《穀梁传》的阐释多以"立异"的方式呈现。其在《驳五经异义》中尚能根据《五经异义》的体裁于"三传"中抉择是非，〔5〕但在《释废疾》中，则往往如上文引《礼记》疏中坚持的观点，以为它《传》"不足以断《穀梁》也"。这是今日所能见到郑玄穀梁学说最为显著的特征。以下就这一"特征"详细举证，以察见其细节。

例一，隐公五年《穀梁传》："苞人民、殴牛马曰侵。斩树木、坏宫室曰伐。"

杨士勋《疏》：又何休《废疾》云："厩焚，孔子曰：'伤人乎？'不问马。今《穀梁》以'苞人民'为轻，'斩树木、坏

> 宫室'为重，是理道之不通也。"所以《穀梁》不从二《传》者。郑玄云："苞人民，殴牛马，兵去则可以归还，其为害轻。坏宫室，斩树木，则树木断不复生，宫室坏不自成，为毒害更重也。"是郑意亦以斩树木坏宫室为重，是亦一家之义，故与二《传》不同。[6]

案何休说，《穀梁传》确实以为"侵"事为轻，如僖公二十六年《经》："（春）齐人侵我西鄙。公追齐师至嶲，弗及。"《传》曰："侵，浅事也。"襄公八年《经》："（夏）郑人侵蔡，获蔡公子湿。"《传》："侵，浅事也。"王念孙以为"苞"通"俘"，是。[7]以俘取"人民"为轻，毁坏树木、宫室为重，确实有伤于人道。故何劭公以《论语》驳斥《穀梁传》。但何劭公未理解《穀梁传》该"辞例"的意义范畴，"侵""伐"并非皆"不正""为害"或"恶"的。如僖公四年《经》："四年，春，王正月。公会齐侯、宋公、陈侯、卫侯、郑伯、许男、曹伯侵蔡。蔡溃。"《传》："溃之为言上下不相得也。侵，浅事也。侵蔡而蔡溃，以桓公为知所侵也。不土其地，不分其民，明正也。"则是以"侵"为"正"。僖公四年《经》："八月，公至自伐楚。"《传》："有二事偶，则以后事致。后事小，则以先事致。其以伐楚致，大伐楚也。"僖公六年《经》："冬，公至自伐郑。"《传》："其不以救许致，何也？大伐郑也。"以上两例则是"大伐"。僖公十八年《经》："冬，邢人、狄人伐卫。"《传》："狄其称人何也？善累而后进之。伐卫，所以救齐也，功近而德远矣。"则以"伐"为有"德"。宣公四年《经》："（春）公伐莒，取向。"《传》："伐犹可，取向甚矣，莒人辞不受治也。伐莒，义兵也。取向，非也。乘义而为利也。"则以"伐"为"义"。综观以上诸例，"侵""伐"虽有"深浅"，但指征伐事的程度，也就是其字面上的意思，"侵"为进犯，"伐"为征讨。而"苞人民、殴牛马曰侵；斩树木、坏宫室曰伐”云云，只是“侵”“伐”中一种情况。必以“侵”是“苞人民、殴牛马”则又与僖公四年《传》文“不分其民”矛盾。

《穀梁传》的确有行文不严谨，交待不清晰之处。如此则《传》文说得很模糊，但也不可死执《传》文求解。何卲公是将《穀梁传》中辞例的“程度”与“意义”混淆以驳斥《穀梁传》，“侵”的程度与意义虽有关涉，但绝不可以等同。郑康成对何卲公的反驳并未针对其死执《传》文，混乱“范畴”的根本问题，只是沿着其思路反向论证，一味僵化地维持《传》义。故他在“苞人民、殴牛马”“斩树木、坏宫室”上作议论，得出了“兵去则可以归还”“则树木断不复生，宫室坏不自成”的牵强结论。不仅没有驳倒何卲公，反而比何更无道理。

例二，哀公六年《经》：“（秋）齐阳生入于齐。齐陈乞弑其君荼。”《传》：“阳生入而弑其君，以陈乞主之，何也？不以阳生君荼也。其不以阳生君荼，何也？阳生正，荼不正，不正则其曰君，何也？荼虽不正，已受命矣。入者，内弗受也。荼不正，何用弗受？以其受命，可以言弗受也。阳生其以国氏，何也？取国于荼也。”

> 范宁《集解》引何休曰：“即不使阳生以荼为君，不当去公子，见当国也。又《穀梁》以为国氏者，取国于荼。齐小白又不取国于子纠，无乃近自相反乎？”
>
> 范宁《集解》引郑玄曰：“阳生篡国，故不言公子。不使君荼，谓书陈乞弑君尔。荼与小白，其事相似，荼弑乃后立，小白立乃后弑，虽然，俱篡国而受国焉尔。《传》曰‘齐小白入于齐，恶之也’。阳生其以国氏何？取国于荼也。义适互相足，又何自反乎？子纠宜立，而小白篡之，非受国于子纠，则将谁乎？”

案，“三传”对于此事的记述略有不同。《左传》以为陈乞虽主立阳生，但并不情愿杀荼，阳生成为国君后派大夫朱毛杀之。《公羊传》详述陈乞诓骗众大夫到其家而立阳生之事，至于杀荼，则以“自是往弑舍”一句了结。何休以为“阳生先诈致诸大夫，立于陈乞家，然后往弑舍，故先书当国，起其事也。乞为阳生弑舍，不举阳生弑者，谖成于乞也”。也就是他认为“自是往弑舍”的主语是陈乞。《穀梁传》并未记述事件本末，但从《传》文可以推求出，其对该事的认知是近于《左传》的，也就是弑荼者为阳生。而何劭公则以他对《公羊传》史事的理解指出《穀梁传》解《经》的矛盾，其方法本来便是错误的。

除方法外，何休主要失误在于以齐桓公杀子纠驳斥《穀梁传》的“自相反”。但何氏是抓住了两件事的不同点。相比之下，荼虽“不正”但已“受命”为君，而子纠虽“正”但毕竟只是大夫。阳生“取国于荼”，但小白并非“取国于子纠”。但是，在《穀梁传》中“国氏”也不止用于弑君一事，如纪履緰逆女而“国氏”，是因“交接于我”。“齐小白”的国氏非为弑君，应指其“恶”，襄公二十三年“晋栾盈入于晋”是其证。

在这一则上，《穀梁传》诠释《经》文为凸显两点，一为阳生“正”，“不以阳生君荼”，一为阳生“弑君”，兼顾了传统宗法制上的法则与实际情况的君臣大义。可以说这一则《穀梁传》处理《经》文较为精妙，正反之间，大义一一契合。而郑玄没有批判何休的方法，也未明确“国氏”在这一则中可能体现的意义，更没发明《穀梁传》释《经》的高明之处。甚至为与何休立异，不顾差异说“荼与小白，其事相似，荼弑乃后立，小白立乃后弑”。更甚者，郑玄不顾“受国”为受之君、父之意，以为“子纠宜立，而小白篡之，非受国于子纠，则将谁乎？”

例三，庄公六年《经》：“六年，春，王三月，王人子突救卫。”

《传》:“王人,卑者也。称名,贵之也。”

> 范宁《集解》:何休以为称子则非名也。郑君释之曰:“王人贱者,录则名可。今以其衔命救卫,故贵之。贵之则子突为字可知明矣。此‘名’当为‘字’误尔。”徐乾曰:“王人者,卑者之称也。当直称王人而已,今以其能奉天子之命,救卫而拒诸侯,故加名以贵之。僖八年‘公会王人、齐侯’,是卑者之常称。”[8]

案《穀梁传》传例如下:称名不如称字,而强于称国。[9]“至尊”与“极卑”不书名。[10]孔子祖讳不称名。[11]诸侯生不称名,卒称名,夷狄之君则卒亦不称名,称名非嫡。[12]诸侯失国名。[13]诸侯“恶”名,“绝之”名。[14]天子大夫不名。[15]大夫单名是尊或贬其君。[16]无君大夫不名,无命大夫称名,而无命大夫贤之称大夫而不名。[17]大夫贬、恶单称名。[18]又有依常礼如“大夫执则致,致则名”。[19]或“别嫌”单称名或不单称名。[20]

上列《穀梁传》“称名”及“不称名”例,“名”与否皆有定,并不随意。如诸侯生不称名卒称名,若是生称名或为“贬”或为“失国”等。大夫则称名,若单举名则或“贬”或“无君”等。虽大夫“称名”常为贬,但“人”不当称名。

> 定公十四年《经》:“(秋)天王使石尚来归脤。”《传》:“其辞石尚,士也。何以知其士也?天子之大夫不名。石尚欲书《春秋》,谏曰:‘久矣,周之不行礼于鲁也,请行脤。’贵复正也。”

上举僖公八年“天王使石尚”,与“王人子突”近同,皆是天子臣属但并非是天子大夫的例子。对比可知，单书“王人”并无褒义，因为在庄公六年这一则中，并不像定公十四年中有“王使”二字标明子突的国属身份，而单有“子突”也不能判断是“人”还是“大夫”。卑者如子突本来是“不名”的，且对于卑者，书“字”似又过尊，故书名而褒之最为妥当，石尚便是例子。是以《春秋》“成人之美”，书“子突”与“石尚”。

上所举列“名例”，皆见于《穀梁传》文。何休专精《公羊传》，往往直据《公羊传》事、例驳他《传》，驳斥的方法是错误的。而郑玄驳何氏说，也不从《穀梁传》本《传》的传例出发，不惜改《传》字立异，[21]可见他并未对《穀梁传》有过深入研究。

例四，庄公三十二年《经》：“秋，七月，癸巳，公子牙卒。”

> 范宁《集解》：何休曰：“《传》例：‘大夫不日卒，恶也。’牙与庆父共淫哀姜，谋杀子般，而日卒，何也？”郑君释之曰：“牙，庄公母弟，不言弟，其恶已见，不待去日矣。”
>
> 杨士勋《疏》引郑康成驳云：“公子牙，庄公弟，不书弟，则恶明也，故不假去日。季孙意如，则定公所不恶，故亦书日。”

何邵公所谓“传例”见隐公元年《经》：“（十二月）公子益师卒。”《传》谓“大夫日卒，正也；不日卒，恶也。”杨疏引何休云：“《公羊》以为日与不日，为远近异辞。若《穀梁》云益师恶而不日，则公子牙及季孙意如何以书日乎？”

察《春秋》经文，“大夫日卒”者多，“不日卒者”少。“不日卒者”又分“时卒”与“月卒”。如公子买之“时卒”，[22]是“时卒”最为确定者，且有罪而“不日卒”，合于《穀梁传》传意。月卒者如宣公五年《经》：“（秋）叔孙得臣卒。”上连《传》文是

"九月"，故知是"九月卒"，但"三传"皆无说。叔孙得臣前文虽有"讥"，[23]罪绝不及公子牙，有无罪不可考。而"月卒"者确实多见于隐公。[24]无侅曾帅师入极，或可贬之。侠或因未爵不书日，也可通。但公子益师之说最不明。案《穀梁传》以为"恶"，毫无根据，几乎同于无中生有。《左传》以为"公不与小敛，故不书日"。《公羊传》以为"远也"。何卲公虽据《公羊传》驳之，颇有理。

郑玄认为公子牙为公"弟"，不书"弟"便是明"恶"。案僖公十六年《经》："三月，壬申，公子季友卒。"《传》："大夫日卒，正也。称公弟叔、仲，贤也。大夫不言公子、公孙，疏之也。"这里的句读需要明确，是称公弟加叔或仲为贤，如单称叔或仲则有"疏"义。[25]如此看，是《穀梁传》以为贤者方能称"弟"，并有"公弟叔肸"一例为证。[26]公子牙有弑君之罪，即便其无罪而无善行，也绝不可书"公弟"，郑说与《传》自违背。《穀梁传》"大夫日卒，正也。不日卒，恶也"本不可从，康成有意回护之迹太甚。[27]

以上举郑玄驳何休数例，不论何氏对错，郑康成的目的则专在"立异"。他有时沿用何氏思路而不能明确指出何的根本问题所在，有时甚至毫无理据也要改《传》文以驳斥何说。甚至何颇有道理，郑康成也要找些并不可靠的理由驳斥。以下再举一何氏说已佚，只有郑玄阐释的例子：

例五，僖公四年《经》："八月，公至自伐楚。"《传》："有二事偶，则以后事致。后事小，则以先事致。其以伐楚致，大伐楚也。"

> 范宁《集解》：郑君曰："会为大事，伐为小事。今齐桓伐楚而后盟于召陵，公当致会；而致伐者，楚强莫能伐者，故以伐楚为大事。"

此则涉《穀梁传》之"大"义。案范宁引郑康成说，是因"楚强莫能伐者”，故“伐楚”为大事。但郑玄所作说明并未经过考证，“楚强”伐而“大”之，若周强也莫能伐，伐也可“大”之么？楚固然是夷狄，但也要明其罪。夷狄并非皆须伐、灭，如潞子婴儿，按穀梁义便不可灭。

僖公六年《经》：“冬，公至自伐郑。”《传》：“其不以救许致，何也？大伐郑也。”此则与“大伐楚”最为相近。杨士勋《疏》云：“大之者，郑叛中国，外心事楚，成蛮夷之强，益华夏之弱，齐桓为伯，讨得其罪，郑人服从，遂使世子听命，是其大也。”杨疏所说并未得其实。案事本指僖公五年，郑伯逃“首戴之盟”。《传》称“变之正”，尊王世子而近于尊天王。故“大伐郑”以示“尊尊”。僖公二十八年《经》：“（冬，公会晋侯、宋公、蔡侯、郑伯、陈子、莒子、邾子、秦人于温。天王守于河阳。）壬申，公朝于王所。”《传》：“会于温，言小诸侯。温，河北地。以河阳言之，大天子也。”天子之于诸侯为“大”，此便是明显的《穀梁传》称“大”而“尊尊”的例子。以上两则与“伐楚”“伐郑”的区别，在“大”人与“大”义，但都归之于“尊尊”。又如庄公元年《经》：“三月，夫人孙于齐。”《传》：“人之于天也，以道受命，于人也，以言受命。不若于道者，天绝之也；不若于言者，人绝之也。臣子大受命。”“大受命”同为“尊尊”之义。又如定公十二年《经》：“十有二月，公围成。”《传》：“非国言围，围成，大公也。”庄公十八年《经》：“夏，公追戎于济西。”《传》：“其不言戎之伐我，何也？以公之追之，不使戎迩于我也。于济西者，大之也。何大焉？为公之追之也。”此两则“邑”与“戎”并不“大”，不可与“公”相敌，为“成尊于上”，故变书法以“大”之。

可为旁证的，还有哀公十四年《经》：“十有四年，春，西狩获麟。”《传》：“引取之也。狩地，不地不狩也。非狩而曰狩，大获麟，故大其适也。”虽非“尊尊”，但《春秋》同书事物、行为必相敌。是“引取”不能“获麟”，只有“狩”可以“获麟”。这样写，虽是如《穀梁传》义所说的不苟于物，但也是时时体现使尊卑各就其位的原则。

“大”为“尊尊”义，即维持尊卑秩序，在《穀梁传》中较为重要且是始终贯彻的。如庄公三十二年《经》：“夏，宋公、齐侯遇于梁丘。”《传》：“遇者，志相得也。梁丘在曹、邾之间，去齐八百里。非不能从诸侯而往也，辞所遇，遇所不遇。大齐桓也。”宣公元年《经》：“（秋）宋公、陈侯、卫侯、曹伯会晋师于棐林，伐郑。”《传》：“列数诸侯而会晋赵盾，大赵盾之事也。其曰师何也？以其大之也。于棐林地而后伐郑，疑辞也。此其地何？则著其美也。”以上两则虽不明“尊尊”，但其事也是为了维持这种秩序而“大”“美”的。[28]郑玄不解《传》文“大”义，随意说“楚强莫能伐者”，以敷衍成文。

综上五例，可直观明晰郑玄对《穀梁传》的认识程度。在讨论上述问题的基础上，我们可以进一步认识两个经学史上的重要问题。第一个问题就是如何理解著名的“入室操戈”之喻。

> 《后汉书·郑玄传》：时任城何休好公羊学，遂著《公羊墨守》《左氏膏肓》《穀梁废疾》；玄乃发《墨守》，针《膏肓》，起《废疾》。休见而叹曰：“康成入吾室，操吾矛，以伐我乎！”初，中兴之后，范升、陈元、李育、贾逵之徒争论古今学，后马融答北地太守刘瓌及玄答何休，义据通深，由是古学遂明。[29]

自古至今学者多以为郑、何之争，郑玄取得了胜利，更甚者则以为该事件标志着“古学”彻底战胜“今学”。这一讲法范晔肇端，至今颇为普遍，这里不俱引列。因何、郑这六部典籍的亡佚，无法进行深入的探讨，有的学者又不肯随顺范晔旧说，则采取谨慎的说法，如认为郑玄“指摘《公羊》的失误，维护《左》《穀》的经说。何休既有‘入室操戈’之叹，可知郑玄对于三家的研究一定都十分地深入，见解一定十分地精辟”。[30]但通过以上的几则例证分析，也可以否定这种观点。

其实清儒早已根据何、郑这次“辩论”残留的六种文献残段，质疑过双方的水平，反思过“入室操戈”的意思。如刘逢禄针对郑玄《起废疾》作《穀梁废疾申何》，上文讨论诸例在该书中都有所补释，然而往往从维持《公羊传》何氏说出发，同样阐释模棱，并未指出郑玄真正问题所在。但他在《公羊春秋何氏解诂笺》的叙文中说：“而何君称为‘入室操戈’，宏奖之风，斯异于专己党同者哉!”[31]这是与以往解读完全不同的一点。皮锡瑞在《经学通论》他谈到：“何休《墨守》，仅存一二，《废疾》得失互见，《膏肓》以《左传》所载之文为《左传》之罪，未知国史据事直书之例，且驳论多琐细。惟兵谏、丧娶数条于大义有关。郑《发墨守》亦仅存一二，《起废疾》亦得失互见，《针膏肓》多强说，以文公丧娶为权制，岂有丧娶可以从权者乎?”[32]可见他是认真的研究了何、郑佚文，从而给与了并不高的评价。

有了上文几则例证的展示，并参考范晔、刘逢禄、皮锡瑞等学者的观点，我们可以对“康成入吾室，操吾矛，以伐我乎”有一个更为深入的理解。首先“入室”作为《论语》中的典故，已为人所熟知，而“操吾矛”则是以“工具”喻“方法”。从二者的六部著作佚文看，其中虽存在诸多逻辑漏洞，但我们并不能要求古代中国的学者运用亚里士多德式严密的“三段论”解决问题。而人类对同一“现象”世界会产生相似的逻辑，何、郑也是不能摆脱基本的演绎逻辑方法，他们只是在没有理清范畴的情况下较为混乱地使用了逻辑推理。何休对此当然是不自知的，且因无相关理论认识，他只是看出了郑玄采用了和他相似的方法进行反驳，也并不能明晰其间的异同。至于没有采用“康成赢了”或“康成错了”的表达，而是一种“隐喻”的方式，可能其中夹带着复杂的感情。这其中的确有对郑玄能力的肯定，毕竟何休如果否定了郑玄的方法就等于否定了自己的方法，但同时并不至于“宏奖”，而更多的是“不服气”。

相同的方法或材料解释同一项内容，从而得出不同的结论，这本身似乎没有再继续争论的必要了。何休或许也看出郑玄在一些细节方面的问题，如果反驳，无疑还是使用《公羊墨守》《左氏膏肓》《穀梁废疾》相近的例子和推演过程，这也可能是何休没有再反驳郑玄的原因。但可以说，从何休的角度，郑玄并没有胜利。后世的曲解，大概源于典籍的亡佚、范晔的理解和郑玄的影响等诸多因素。

> 《拾遗记》卷六：何休木讷多智，《三坟》《五典》，阴阳算术，河洛谶纬及远年古谚，历代图籍，莫不咸诵也。门徒有问者，则为注记，而口不能说。作《左氏膏肓》《公羊废疾》《穀梁墨守》，谓之“三阙”。言理幽微，非知机藏往，不可通焉。及郑康成锋起而攻之，求学者不远千里，嬴粮而至，如细流之赴巨海。京师谓康成为“经神”，何休为“学海”。[33]

从《拾遗记》这段记载可以印证如上的理解。郑玄与何休在这次争论中共同取得了认可，而并非是一方胜利一方失败。虽属“小说”描述，但对何、郑之争与“入室操戈”一事的认识却胜于范晔。

第二个问题是如何理解“近孔子”与“善于经”。从郑玄角度，他以为《穀梁传》早于《公羊传》，距孔子近，不见“谶纬”，所以不引“谶纬”解经，只据《春秋》，所以可以说“《穀梁》善于经”。而杨士勋将此误解为“大夫日卒”与“讳莫如深”同为《春秋》的“书法”，“书”或“不书”以见“褒贬”及“伦彝”。[34]这是错解了康成说，也可以说是从某种角度抬高了郑玄说。

因为郑玄出于对“谶纬”为孔子作这一说法的信任，以《春秋》本经为“先王法”，以《公羊传》引“谶纬”对《春秋》的诠释为“损益法”，可以说其立足点并不在“三传”释经的短长。仅就《公羊传》《穀梁传》来讲，《穀梁传》合孔子的“经”义，《公羊传》则合孔子的“谶纬”义，并未有谁是谁非或谁高谁低的问题。“《左传》善于礼，《公羊》善于谶，《穀梁》善于经”则应当理解为《左传》是“礼书”，《公羊传》是“谶纬”书，而《穀梁传》本来是为解“先王法”《春秋》经的“传记”。如此说，几乎将《左传》《公羊传》不当作《春秋》著作。杨士勋虽释郑玄语，也并未得郑氏本义，而是理解为《左传》解《春秋》以“周礼”，《公羊传》解《春秋》以“谶纬”，《穀梁传》则解《春秋》的“书法”。至于说“是先儒同遵之义”，更是“不经”之谈。郑玄并没有像研究三礼那样持平“今古文”，而是相对保守的将“三传”分配了不同的功能，并认可三种功能的存在价值。这一方面源于春秋学在两汉的传统，另一方面则透漏出某种改变，我们可以从郑玄“近孔子”与“善于经”说中，看到两汉与六朝学术的渐变消息。

两汉的学术，从“灾异”“五德终始”到“孔子为汉立法”，虽然内容上机械而神秘，虽然也有对文本内容的探究，但精神内核是与战国诸子一脉相承的。这一精神就是“学”是体现在治国方面的政治伦理之术，是可以用于政治的实践。《公羊传》《穀梁传》的曾经兴盛，都是因为契合了这一点。郑玄保持了这一传统，《春秋》“三传”在后世学者眼中是《春秋》的“传记”，也就是以《春秋》文本为核心。而在包括郑玄在内的汉人那里，“三传”与《春秋》的核心都是针对现实政治的。只有这样，诠释“礼”的《左传》，“损益法”的《公羊传》才能与诠释《春秋》经的《穀梁传》并列。

而郑玄提出的“三传”的三种功能共存说，在坚持传统的前提下也显示了另一种意识，即每种经典的学说作为学术的一种“可能性”都可以被尊重。这一取向，是两汉经学逐渐向六朝的纯粹诠释经典之学发展中关键的一环。首先它打破了两汉的“师法”“家法”，并使“学”在政治实践外有了更多的目标，意即实用的“损益法”与不实用的“先王法”都应被研究。

同时，这一趋向反映并强化了另一种“师法”“家法”。即在此之后，随着越加扞格不通的汉人旧说逐渐消亡，随着玄学兴衰与佛教的传入，更随着郑学的盛行，经学在现实政治中虽留有余存，但已大大削弱，取代它的是深入研究某家文本的学风。就如同郑玄回护“三传”，认为每个文本都是正确的，需要做的工作就是在其文本内寻求合理性。如是，例如《左传》的杜注也好，贾、服注也好，魏晋以后的学者在一家之学内日渐研深。直至隋唐之际的“宁道周孔误，讳言服郑非”。我们不能说如上所论的趋向开启自郑玄，且郑玄有意如此，但可以肯定在东汉末，这种转变已在郑玄那里有所体现。

在更为切近的方面，郑玄在当时的历史环境下，对穀梁学的继续发展提出了很好的建议，即研究《穀梁传》较为纯粹的经学义理方面。这是穀梁学继续发展的基础，也是以往所欠缺的。但郑玄不仅没有取得相应的成就，还在一些细节上制造了不必要的“混乱”，误导了后学。晋唐的学者，如范宁、杨士勋也没有很好地完成这一事业，加之《春秋》不再如两汉时，是学术的主要核心，且后世儒学愈加精密，穀梁学似乎就再也没有兴起的条件与必要了。

注释：

〔1〕案曾朴《补后汉书艺文志》举证犹详。详见［清］曾朴：《补后汉书艺文志》，《二十五史补编》第一册，北京：中华书局，1995 年，第 2483 - 2484 页。

〔2〕如王利器先生云：“则康成《左传注》，虽与服子慎，仍自卒业，六朝、

唐人犹及见之，故得以服、郑并举。”详见王利器：《郑康成年谱》，济南：齐鲁书社，1983 年，第 239 – 241 页。

〔3〕［清］阮元等校刻：《十三经注疏》，北京：中华书局，2013 年，第 2886 页。又孔颖达《正义》：“夏不田，盖夏时也者，以夏是生养之时，夏禹以仁让得天下，又触其夏名，故夏不田。郑之此注，取《春秋纬·运斗枢》之文，故以为夏不田。若何休稍异于此，故《穀梁传》桓（原文作“渊圣御名”）四年‘公狩于郎’，《传》曰：‘春曰田，夏曰苗，秋曰搜，冬曰狩。’何休云：‘《运斗枢》曰：夏不田。《穀梁传》有夏田，于义为短。’”其后引正文中郑玄此段文字（其后孔颖达引郑《释废疾》，则此段不出于《春秋穀梁废疾释》）。孔颖达疏解此段：“如郑此言，三时之田，不敢显露，阴书于《纬》。四时之田，显然在《春秋》之经，穀梁为《传》之时，去孔子既近，不见所藏之《纬》，唯睹《春秋》见经，故以为四时田也。公羊当六国之时，去孔子既远，纬书见行于世，公羊既见纬文，故以为三时田。又郑《释废疾》云：‘岁三田，谓以三事为田’，即上一曰乾豆之等。是深塞何休之言，当以注为正。”

〔4〕［清］阮元等校刻：《十三经注疏》，北京：中华书局，2013 年，第 5123 页。“谓大夫日卒”原作“谓大夫曰卒”，案“日卒”是，与“讳莫如深”都为《穀梁传》文，详列于下：隐公元年：“公子益师卒。大夫日卒，正也。不日卒，恶也。”僖公十六年：“三月，壬申。公子季友卒。大夫日卒，正也。”又：“秋，七月，甲子。公孙兹卒。大夫日卒，正也。”成公十六年：“（十二月）乙酉。刺公子偃。大夫日卒，正也。先刺后名，杀无罪也。”庄公三十二年：“（冬）公子庆父如齐。此奔也，其曰如何也？讳莫如深，深则隐。苟有所见，莫如深也。”

〔5〕《驳五经异义》与《五经异义》与驳何休的“三阙”不同。《驳五经异义》是“话题”性的，其讨论的核心是一项经义或礼制。而驳“三阙”则是针对“经典”性的，其核心是经典的是非。同样《白虎通义》也是一种“话题”著作。故本文主要讨论何休的《穀梁废疾》与郑玄《释废疾》。

〔6〕范注从郑说：“制其人民，殴其牛马，贼去之后，则可还反。树木斩不复生，宫室坏不自成，故其为害重也。”

〔7〕详见［清］王引之：《经义述闻》，南京：江苏古籍出版社，2000 年，第 592 页。又，李炳海先生以为，春秋时尤“俘”，“苞”当为聚意，“殴”同“驱”。此句意为丛聚人民而驱散牛马。但《穀梁传》口传及书写当在战国或汉初，是否应以春秋时的社会情况理解文本，待考。

〔8〕杨士勋《疏》："郑答何休云，《传》文'称名，贵之'者，'名'当为'字'，则郑玄以子突非名。徐乾云'故加名以贵之'，则子突非字。二者不同者，郑意若以子突为名，则书名者乃士之常称，《传》何以云'贵之'？故知子突是字。徐乾意称人则王之卑者，不合书名，僖八年'公会……王人于洮'是也，今称名即是贵之。故二说不同。或以为突是名，子是贵，理亦通，但注意似不然。"

〔9〕如庄公十四年《经》："秋，七月，荆入蔡。"《传》："荆者，楚也。其曰荆何也？州举之也。州不如国，国不如名，名不如字。"

〔10〕如隐公三年《经》："三月，庚辰，天王崩。"《传》："其不名，何也？大上，故不名也。"襄公二十九年《经》："（夏）阍弑吴子余祭。"《传》："阍，门者也，寺人也。不称名姓，阍不得齐于人。不称其君，阍不得君其君也。礼，君不使无耻，不近刑人，不狎敌，不迩怨。贱人非所贵也，贵人非所刑也，刑人非所近也。举至贱而加之吴子，吴子近刑人也。"

〔11〕如桓公二年《经》："二年，春，王正月，戊申。宋督弑其君与夷，及其大夫孔父。"《传》："或曰，其不称名，盖为祖讳也，孔子故宋也。"僖公二十五年《经》："（夏）宋杀其大夫。"《传》："其不称名姓，以其在祖之位。尊之也。"

〔12〕襄公七年《经》："十有二月，公会晋侯、宋公、陈侯、卫侯、曹伯、莒子、邾子于鄬。郑伯髡原如会，未见诸侯，丙戌，卒于操。"《传》："礼，诸侯不生名，此其生名何也？卒之名也。卒之名，则何为加之如会之上？见以如会卒也。"隐公七年《经》："（三月）滕侯卒。"《传》："滕侯无名。少曰世子，长曰君，狄道也。其不正者，名也。"又有襄公二十五年《经》："十有二月，吴子谒伐楚门于巢，卒。"《传》："诸侯不生名，取卒之名加之伐楚之上者，见以伐楚卒也。"

〔13〕桓公七年《经》："（夏）邓侯吾离来朝。"《传》："其名何也？失国也。失国则其以朝言之，何也？尝以诸侯与之接矣。虽失国，弗损吾异日也。"又有桓公十一年《经》："（九月）郑忽出奔卫。"《传》："郑忽者，世子忽也。其名，失国也。"僖公二十八年《经》："六月，卫侯郑自楚复归于卫。"《传》："郑之名，失国也。"成公十六年《经》："（秋）曹伯归自京师。"《传》："出入不名，以为不失其国也。"哀公八年《经》："（夏）归邾子益于邾。"《传》："益之名，失国也。"

〔14〕隐公四年《经》："冬，十有二月，卫人立晋。"《传》："卫人者，众

辞也。立者，不宜立者也。晋之名，恶也。其称人以立之何也？得众也。得众则是贤也，贤则其曰不宜立何也？《春秋》之义，诸侯与正而不与贤也。”庄公十年《经》：“秋，九月。荆败蔡师于莘，以蔡侯献武归。”《传》：“蔡侯何以名也？绝之也。何为绝之？获也。”又有桓公十六年《经》：“十有一月，卫侯朔出奔齐。”《传》：“朔之名，恶也。天子召而不往也。”庄公六年《经》：“夏，六月，卫侯朔入于卫。”《传》：“朔之名，恶也。朔入逆，则出顺矣。朔出入名，以王命绝之也。”庄公二十四年《经》：“冬，戎侵曹。曹羁出奔陈。赤归于曹，郭公。”《传》：“赤，盖郭公也。何为名也？礼，诸侯无外归之义。外归，非正也。”僖公二十五年《经》：“二十五年，春，王正月，丙午，卫侯毁灭邢。”《传》：“毁之名何也？不正其伐本而灭同姓也。”昭公十一年《经》：“夏，四月，丁巳。楚子虔诱蔡侯般，杀之于申。”《传》：“何为名之也？夷狄之君，诱中国之君而杀之，故谨而名之也。”哀公七年《经》：“秋，公伐邾。八月，己酉，入邾。以邾子益来。”《传》：“以者，不以者也。益之名，恶也。”

〔15〕庄公元年《经》：“夏，单伯逆王姬。”《传》：“单伯者何？吾大夫之命乎天子者也。命大夫，故不名也。”又有庄公二十五年《经》：“二十有五年，春，陈侯使女叔来聘。”《传》：“其不名何也？天子之命大夫也。”文公十五年《经》：“（六月）单伯至自齐。”《传》：“大夫执则致，致则名。此其不名何也？天子之命大夫也。”定公十四年《经》：“（秋）天王使石尚来归脤。”《传》：“其辞石尚，士也。何以知其士也？天子之大夫不名。石尚欲书《春秋》，谏曰：‘久矣，周之不行礼于鲁也，请行脤。’贵复正也。”

〔16〕襄公二十九年《经》：“（夏）吴子使札来聘。”《传》：“吴其称子何也？善使延陵季子，故进之也。身贤，贤也。使贤，亦贤也。延陵季子之贤，尊君也。其名，成尊于上也。”（吴为夷狄，本无大夫。此则进称“子”，则允有大夫。）隐公八年《经》：“三月，郑伯使宛来归邴。”《传》：“名宛，所以贬郑伯，恶与地也。”

〔17〕庄公九年《经》：“（春）公及齐大夫盟于暨。”《传》：“公不及大夫。大夫不名，无君也。盟纳子纠也。不日，其盟渝也。当齐无君，制在公矣。当可纳而不纳，故恶内也。”隐公八年《经》：“冬，十有二月，无侅卒。”《传》：“无侅之名，未有闻焉。或曰，隐不爵大夫也；或说曰，故贬之也。”庄公二十六年《经》：“（夏）曹杀其大夫。”《传》：“言大夫而不称名姓，无命大夫也。无命大夫而曰大夫，贤也。为曹羁崇也。”

〔18〕隐公八年《经》：“冬，十有二月，无侅卒。”《传》：“无侅之名，未

有闻焉。或曰，隐不爵大夫也；或说曰，故贬之也。”庄公三年《经》：“三年，春，王正月。溺会齐侯伐卫。”《传》：“溺者何也？公子溺也。其不称公子何也？恶其会仇雠而伐同姓，故贬而名之也。”

〔19〕昭公十四年《经》：“十有四年，春，意如至自晋。”《传》：“大夫执则致，致则名。意如恶，然而致，见君臣之礼也。”

〔20〕隐公四年《经》：“九月，卫人杀祝吁于濮。”《传》：“称人以杀，杀有罪也。祝吁之挈，失嫌也。其月，谨之也。于濮者，讥失贼也。”昭公十二年《经》：“十有二年，春。齐高偃帅师纳北燕伯于阳。”《传》：“纳者，内不受也。燕伯之不名何也？不以高偃挈燕伯也。”昭公二十三年《经》：“（七月）尹氏立王子朝。”《传》：“立者，不宜立者也。朝之不名何也？别嫌乎尹氏之朝也。”

〔21〕郑玄改《传》字有理据者如：桓公十三年《经》：“十有三年，春，二月，公会纪侯、郑伯。己巳，及齐侯、宋公、卫侯、燕人战。齐师、宋师、卫师、燕师败绩。”《传》：“战称人，败称师，重众也。其不地，于纪也。”范宁《集解》：“《春秋》战无不地，即于纪战，无为不地也。郑君曰：‘纪当为己，谓在鲁也，字之误耳。得在龙门，城下之战迫近，故不地。’”杨疏：“《传》‘其不地，于纪也’者，《春秋考异邮》云‘时战在鲁之龙门’，故何休难云：‘在纪无为不地。’郑玄云：‘纪当为己，在龙门城下，故不地。’何休注《公羊传》亦云‘战鲁龙门，兵攻城池，耻之’，故不地。是皆以纪为已，非纪国也。”

〔22〕僖公二十八年《经》：“（春）公子买戍卫。不卒戍，刺之。”《传》：“先名后刺，杀有罪也。公子启曰：‘不卒戍者，可以卒也。可以卒，而不卒，讥在公子也。刺之可也。’”

〔23〕文公十一年《经》：“冬，十月，甲午。叔孙得臣败狄于咸。”《传》：“不言帅师而言败，何也？直败，一人之辞也。一人而曰败何也？以众焉言之也。传曰：‘长狄也，弟兄三人。佚宕中国，瓦石不能害。叔孙得臣最善射者也。射其目，身横九亩。断其首而载之，眉见于轼。’然则何为不言获也？曰古者不重创，不禽二毛，故不言获，为内讳也。”是讥叔孙得臣重创于敌。

〔24〕隐公元年《经》：“（十二月）公子益师卒。”《传》：“大夫日卒，正也。不日卒，恶也。”隐公八年《经》：“冬，十有二月，无侅卒。”《传》：“无侅之名，未有闻焉。或曰隐不爵大夫也。或说曰故贬之也。”隐公九年《经》：“（三月）侠卒。”《传》：“侠者，所侠也。弗大夫者，隐不爵大夫也。隐之不

爵大夫，何也？曰，不成为君也。"

〔25〕宣公八年《经》："（六月）辛巳，有事于大庙，仲遂卒于垂。"《传》："为若反命而后卒也。此公子也，其曰仲何也？疏之也。何为疏之也？是不卒者也。不疏，则无用见其不卒也。则其卒之，何也？以讥乎宣也。其讥乎宣，何也？闻大夫之丧，则去乐卒事。"成公十五年《经》："三月，乙巳，仲婴齐卒。"《传》："此公孙也。其曰仲，何也？子由父疏之也。"襄公十九年《经》："八月，丙辰，仲孙蔑卒。"襄公二十三年《经》："（八月）己卯，仲孙速卒。"襄公二十二年《经》："秋，七月，辛酉，叔老卒。"襄公三十一年《经》："（九月）己亥，仲孙羯卒。"昭公四年《经》："冬，十有二月，乙卯，叔孙豹卒。"昭公十五年《经》："二月，癸酉，有事于武宫。籥入。叔弓卒，去乐卒事。"《传》："君在祭乐之中闻大夫之丧，则去乐卒事，礼也。君在祭乐之中，大夫有变以闻可乎？大夫国体也，古之人重死，君命无所不通。"昭公二十一年《经》："八月，乙亥，叔辄卒。"昭公二十三年《经》："（王正月）癸丑，叔鞅卒。"昭公二十四年《经》："二十有四年，春，王二月，丙戌，仲孙貜卒。"昭公二十五年《经》："冬，十月，戊辰，叔孙婼卒。"昭公二十九年《经》："夏，四月，庚子，叔倪卒。"《传》："季孙意如曰：'叔倪无病而死，此皆无公也，是天命也，非我罪也。'"定公五年《经》："秋，七月，壬子，叔孙不敢卒。"

〔26〕宣公十七年《经》："冬，十有一月，壬午，公弟叔肹卒。"《传》："其曰公弟叔肹，贤之也。其贤之，何也？宣弑而非之也。非之则胡为不去也？曰，兄弟也，何去而之。与之财，则曰我足矣。织屦而食，终身不食宣公之食。君子以是为通恩也，以取贵乎《春秋》。"

〔27〕此例郑玄犹为疏忽，以至于从郑学的范宁皆不讳言："传例：'诸侯之尊，弟兄不得以属通。'盖以礼，诸侯绝期，而臣诸父昆弟，称昆弟，则是申其私亲也。宣十七年'公弟叔肹卒'，《传》曰：'其曰公弟叔肹，贤之也。'然则不称弟，自其常例耳。郑君之说，其所未详。"杨疏："范既引郑君之说，又云未详者，范以僖十六年《传》称：'公弟叔仲，贤也。大夫不言公子、公孙，疏之也。'若牙实有罪，则应去公子以见疏；今书公子，故云未详也。或申郑君义云，牙不去公子，为亲者讳。然则郑意若以为讳，何得云'其恶已见'？是郑权答何休之难，不顾上下之理，故范云未详也。'公子季友卒'不称弟者，季子虽贤，兄已卒故也。"论证虽未严密，但已指出康成缺漏。

〔28〕又庄公十一年《经》："夏，五月，戊寅，公败宋师于鄑。"《传》：

“内事不言战，举其大者。其日，成败之也。宋万之获也。”以上举“大”皆是《穀梁传》的形容词，此则“大”则是名词，即如郑玄所说的“大事”，但此则的含义并未有“伐楚”内涵深刻。定公四年《经》：“冬，十有一月，庚午。蔡侯以吴子及楚人战于伯举，楚师败绩。”《传》：“何以不言救？救，大也。”此则之“大”则介于“大事”与“大之”之间。吴伐楚并非单纯为“救蔡”，当然有“救蔡”之功，但书法不予书“救”，因为“救”的意义重于楚的行为。

〔29〕［南朝宋］范晔：《后汉书》卷35《列传第二十五·郑玄传》，北京：中华书局，1982年，第1207－1208页。

〔30〕赵伯雄：《春秋学史》，济南：山东教育出版社，2014年，第174页。

〔31〕［清］刘逢禄：《春秋公羊经何氏释例·春秋公羊释例后录》，上海：上海古籍出版社，2013年，第292页。

〔32〕［清］皮锡瑞：《经学通论》，北京：中华书局，2018年，第435页。

〔33〕齐治平：《拾遗记校注》，北京：中华书局，2015年，第155页。

〔34〕“大夫日卒”是“褒贬”，通过书“日”与否见“正”或“恶”。“讳莫如深”则是讲“伦常”。如成公元年：“为尊者讳，敌不讳败。为亲者讳，败不讳敌。尊尊亲亲之义也。”成公九年《传》：“为尊者讳耻，为贤者讳过，为亲者讳疾。”

范宁《春秋穀梁传集解》解经方法的疏失

今人所见《穀梁传》相关典籍，以范宁的《春秋穀梁传集解》（以下简称《集解》）最为重要。在现存完整的《穀梁传》阐释文献中，它是最早也是成绩最多的。虽然从影响与水平上，不能给予范宁如同杜预"《左传》功臣"这样的评价，但没有"范注"与杨士勋《疏》，清代中后期以至于今日的学者，研究《穀梁传》恐难以入手。

> 《中说·天地篇》：子谓"陈寿有志于史，依大义而削异端"；谓范宁"有志于《春秋》，征圣经而诘众《传》"。子曰："使陈寿不美于史，迁、固之罪也；使范宁不尽美于《春秋》，歆、向之罪也。"裴晞曰："何谓也？"子曰："史之失，自迁、固始也，记繁而志寡；《春秋》之失，自歆、向始也，弃经而任《传》。"[1]

上引《文中子》语，仅代表隋唐之际一种经学、史学阐释及书写的态度，但可以体现出，在非经师的儒家眼中，范宁《集解》较前代经师的优长，在于能以"经"为核心，持平"三传"，不独守一家之说。从方法、态度上来看，这无疑是最为平正、可靠的。

而《集解》其余的优点，前人也多有申述。如台湾师范大学王熙元博士论文《穀梁范注发微》，分"导论""范注释《穀梁》经传之依据""范注对《穀梁》经传之训诂""范注对《穀梁》经传义例之发明”“范注对《穀梁》经传之驳议”“范注释《穀梁》经传之疏失”凡六章，二十节，一百三十二小节。条分范宁《春秋穀梁传集解》所作工作，极其详备，是该方面研究中的佼佼者。

可以说，范宁《集解》的成绩，学者褒扬、总结虽未必无遗漏或尽皆恰当，但成果已颇为丰富。而讨论范宁《集解》的疏漏与失误，则少有人专门着文。本文仅就其方法上的疏失及导致的错误，作初步的探研。

一

大凡著述难免有误，而疏失多少则是衡量该著作价值的一项重要标准。范宁《集解》并杨士勋《疏》列在《十三经注疏》中，本当为汉唐时期儒家经典最广博精微的释注之一，但通观《集解》，范宁的水平不仅和郑玄、何休等经学大师差距较远，有时还会出现较为严重的错误。

首先举范宁失误中绝对不该出现的一例：

> 隐公五年《经》：“五年，春，公观鱼于棠。”范注：“传例曰：‘公往时，正也。’正谓无危事耳。棠，鲁地。”杨《疏》：“庄二十三年《传》文也。正谓无危事，此公虽以非礼观鱼，不至于危，故亦时而不月。”

案《传》解说“往”与“至”，凡两见。庄公二十三年《经》：“夏，公如齐观社。公至自齐。”《传》云：“公如，往时，正也。致月，故也。如往月致月，有惧焉尔。”又定公八年《经》：“二月，公侵齐。三月，公至自侵齐。”《传》：“公如，往时致月，危致也。往月致时，危往也。往月致月，恶之也。”范述“传例”无误，但他似乎未能明晰“如”与“往”的含义：

> 桓公三年《经》：“（秋）公子翚如齐逆女。”
> 桓公五年《经》：“夏，齐侯郑伯如纪。”
> 庄公五年《经》：“夏，夫人姜氏如齐师。”
> 庄公二十二年《经》：“冬，公如齐纳币。”
> 成公二年《经》：“秋，七月。齐侯使国佐如师。”

案上五则《经》文，“公如”便是“公往”。凡《经》书“如”，无论内、外还是君、臣，皆应是出鲁国国境，如庄公二十三年“公如齐观社”。而隐公五年“公观鱼于棠”，“棠”本在鲁地国内，并且范宁出注，是他明确隐公的这次活动未逾国境。而“公如”，依上解是鲁君出鲁国去往他国，或会盟，或侵伐。故“公观鱼于棠”并不需要考虑“危”与“不危”，纯是以“观”讥隐公非礼。

此则范宁的疏失，可以说是今人常说的“低级错误”。不必说研治《穀梁传》多年，即便是初学者亦能通过对传文排比、归纳，分析出“如”的正确用法。而范宁言之凿凿，杨《疏》又为之曲护。若说范宁、杨士勋根本读不懂《传》文，则是妄言。但此例有些荒唐，似不应出现在《集解》这样的“权威”著作中。范宁大抵是未仔细阅读《传》文，或者可以说是轻忽了《传》文。而他未仔细研讨《传》文以至误的例子，数量并不少。如下例：

> 僖公元年《经》：“冬，十月，壬午，公子友帅师败莒师于丽，获莒挐。”《传》：“莒无大夫，其曰莒挐，何也？以吾获之，日之也。内不言获，此其言获，何也？恶公子之绐。绐者奈何？公子友谓莒挐曰：‘吾二人不相说，士卒何罪？’屏左右而相搏。公子友处下，左右曰：‘孟劳！’孟劳者，鲁之宝刀也。

公子友以杀之。然则何以恶乎绐也？曰，弃师之道也。”

此段为《穀梁传》中少有的叙事解《经》中的一则，其主要阐释《经》文为什么书“获”字。《穀梁传》以为书“获”为“恶公子之绐”，又“绐”为“弃师之道”。范注：“绐，欺绐也。”公子友欺骗莒挐，这便是“弃师之道”，如此解释，从语言的逻辑上看明显是不正确的。

范宁引江熙曰：“经书‘败莒师’，而《传》云二人相搏，则师不战，何以得败？理自不通也。夫王赫斯怒，贵在爰整。子所慎三，战居其一。季友令德之人，岂当舍三军之整，佻身独斗，潜刃相害，以决胜负者哉？虽千载之事难明，然风味之所期，古犹今也，此又事之不然，《传》或失之。”

范宁训“绐”为“欺绐”，《传》文不可解，他似乎也发现了这个问题，故而引江熙说直接否定了《穀梁传》。但古人逻辑再不缜密，也不至于语言错乱。《穀梁传》解“绐”为“弃师之道”，一定是一种可以成立的对应关系。

杨士勋《疏》：“《老子》云：‘以政治国，以奇用兵。’季子知莒挐之可擒，弃文王之整旅，佻身独斗，潜刀相争，据礼虽乖，于权未爽，纵使理违，犹须申《传》，况《传》文不知，江生何以为非乎？又且季子无轻斗之事，《经》不应书获，《传》不须云‘弃师之道’。既《经》《传》文符，而江熙妄难，范引其说，意亦同之，乃是范失，非《传》失之。又《经》书‘获’，所以恶季子之绐。今江熙云，季子令德也，则是非独不信《传》，亦是不信《经》。”

上引杨《疏》驳范宁之失，否定江熙之说。“又且季子无轻斗之事，《经》不应书获，《传》不须云‘弃师之道’”一句，肯定了《传》文的逻辑正确，但也未彻底解决问题。

《淮南子·氾论训》：“前蒙矢石，而后堕溪壑，出百死而绐一生，以争天下之权”。高诱注：“绐，至也。绐，读仍代之代也”。杨树达《淮南子证闻》：“高训绐为至，于义难通。又读为仍代之代，说亦不了。”[2]高诱注的确使人费解。但其用“仍代之代”改读，目的是让时人清楚地认识该字的准确音、义。出于这个目的，“仍代”或为汉人尊奉的经传用词，或是当时习用语。但今存秦汉典籍似少有用“仍代”者，则“仍代”可能引自经传。案，“仍”通“乃”，“仍代”就是“乃代”。《周礼·春官宗伯·丧祝》：“出宫乃代。”郑玄注：“丧祝二人相与更也。”也就是说，高诱可能将这里的“绐”读作“代”，为更替之意。至于“至”，可能为“迭”之误，二字草字字形相近。如此，“恶季子之绐”，也可以解释为恶季子以一身代替军队，帅师而不用，谓之“弃师”。这样《传》文语句通畅，且较为符合逻辑。

魏晋时期学者的训诂水平确实没有清代以来学者精审，以上引《淮南子》高诱注，“绐”能训为“代”，仅此一例也难称得上是达诂。但可以说明范宁之失，不止在于训诂水平的缺失，而在于其根本没有较认真地对待《传》文。不肯涵泳《传》文，努力求解，使文从字顺。疑《传》过勇，稍有不解则以为“《传》或失之”。

再看一例：

隐公四年《经》：“九月。卫人杀祝吁于濮。”《传》：“祝吁之挈，失嫌也。”范注：“不书氏族，提挈其名而道之也，众所同疾，威力不足以自固，失当国之嫌。”杨《疏》：“徐邈以挈为举，即是提挈之称。范云：‘不书氏族，提挈其名而道之，则挈为单挈，不具足之辞。'"

案《传》文用"挈"字有多处。僖公二年《传》文："（宫之奇）挈其妻子以奔曹。"是"挈"为携带、率领的意思，并非辞例。此外庄公九年"齐人杀无知。无知之挈，失嫌也"与此例相同。其余尚有：

宣公元年《经》："三月，遂以夫人妇姜至自齐。"《传》："其不言氏，丧未毕，故略之也。其曰妇，缘姑言之之辞也。遂之挈，由上致之也。"

成公十四年《经》："九月，侨如以夫人妇姜氏至自齐。"《传》："大夫不以夫人，以夫人非正也，刺不亲迎也。侨如之挈，由上致之也。"

襄公十一年《经》："（秋）楚人执郑行人良宵。"《传》："行人者，挈国之辞也。"

昭公十二年《经》："十有二年，春。齐高偃帅师，纳北燕伯于阳。"《传》："纳者，内不受也。燕伯之不名何也？不以高偃挈燕伯也。"

昭公二十四年《经》："（春）婼至自晋。"《传》："大夫执其致，致则挈，由上致之也。"

综观以上诸例，"祝吁之挈"便是只称祝吁之名。案"祝吁"前称"卫祝吁"，而其余诸例，"遂"不称"公子遂"，"侨如"不称"叔孙侨如"，"婼"不称"叔孙婼"以及"郑良宵"称"行人"，"高偃"称"齐"，皆是特别提举一个称呼，以徐邈说为是，范宁说非。柯劭忞《春秋穀梁传注》："以国氏曰卫祝吁，不以国氏但称名谓之挈。徐邈说为提挈之称，是也。"[3]

上文关于“绐”例，范宁未仔细阅读《传》文，导致训诂有误，或可以一谅。此例时人已有正解（或以为徐邈书成在后），而“挈”义总结全《传》也可推知，此类错误也似不应出现。

二

范宁轻忽《传》文致使《集解》出现了许多可以完全避免的错误，而《集解》最多且最严重的问题，在于将《穀梁传》的“例”，尤其是“时月日例”绝对化。这里的“绝对化”，指范宁将某则“例”推广到一切《传》文相似之处。下举范宁“时月日例”误例一则：

隐公二年《经》：“二年，春，公会戎于潜。”范注：“会例时。”杨《疏》：“‘会例时’者，四年，‘夏，公及宋公遇于清’，九年‘冬，公会齐侯于防’是也。若然，十年，‘春，王二月，公会齐侯、郑伯于中丘’，十一年‘夏，五月，公会郑伯于时来’而书月者，范云：‘天言雷雨之异，而不知戒惧，反更数会，故危之。’是有故始书月，明无故例时也。”

会而不盟但书月者，除杨疏中举隐公十年、十一年两例外，还有桓公元年《经》：“三月，公会郑伯于垂。”桓公三年《经》：“三年，春，正月。公会齐侯于嬴。”桓公三年《经》：“六月，公会杞侯于郕。”桓公六年《经》：“夏，四月。公会纪侯于郕。”桓公十一年《经》：“冬，十有二月。公会宋公于阚。”桓公十二年《经》：“冬，十有一月。公会宋公于龟。”桓公十四年《经》：“十有四年，春，正月。公会郑伯于曹。”桓公十六年《经》：“十有六年，春，正月。公会宋公、蔡侯、卫侯于曹。”僖公元年《经》：“八月，公会齐侯、宋公、郑伯、曹伯、邾人于柽。”僖公七年《经》：“秋，七月。公会齐侯。”僖公十六年《经》：“冬，十有二月。公会齐侯、宋公、陈侯、卫侯、郑伯、许男、邢侯、曹伯于淮。”襄公七年《经》：“十有二月，公会晋侯、宋公、陈侯、卫侯、曹伯、莒子、邾子于鄬。”另有会而不盟，而因有它事者书月者，[4]夫人及大夫会而书月。[5]如上举列，可见未必会“例时”。另如僖公十六年《经》：“冬，十有二月。公会齐侯、宋公、陈侯、卫侯、郑伯、许男、邢侯、曹伯于淮。”《传》：“兵车之会也。”齐桓公兵车之会，案《穀梁传》之意，必然“无故”。所以“是有故始书月，明无故例时也”同样不正确。

再举范宁错将“辞例”绝对化一则：

> 桓公十一年《经》：“突归于郑。”《传》：“曰突，贱之也。曰归，易辞也。”范注：“传例曰：‘归为善，自某归次之。’此《传》曰：‘归，易辞也。’然则归有二义，不皆善矣。突篡兄之位，制命权臣，则归无善。”杨《疏》：“成十六年‘曹伯归自京师’，《传》云：‘归为善。’注云：‘谓直言归而不言其国，即曹伯归自京师，不言于曹是。’‘自来归次之’，注云：‘若蔡季自陈归于蔡，卫侯郑自楚复归于卫是。’据彼《传》文，则归为善。今传曰‘归，易辞’，故解之。言归有二意，善者谓之归，易者亦谓之归也。是称归有二，突恶而称归，是恶辞，非善也。”

案《经》文书“归”有数事：大夫及君归仅为其中一件。另有涉及妇人嫁、省归[6]，归物、地[7]，执人归[8]，寄归[9]，归丧等[10]。此例中，范《例》认为的“归为善，自某归次之”。该说本成公十六年《经》：“（秋）曹伯归自京师。”《传》：“不言所归，归之善者也。出入不名，以为不失其国也。归为善，自某归次之。”但郑厉公突与曹伯不同，突此时还算做大夫，而曹伯已为国君。

> 庄公九年《经》：“（夏）齐小白入于齐。”《传》：“大夫出奔反，以好曰归，以恶曰入。齐公孙无知弑襄公，公子纠、公子小白不能存，出亡。齐人杀无知，而迎公子纠于鲁。公子小白不让公子纠先入，又杀之于鲁。故曰：‘齐小白入于齐。’恶之也。”

据庄公九年《传》文“大夫出奔反，以好曰归，以恶曰入”，似乎可证明范《例》在“归”为善一例上国君与大夫相似。又，桓公十七年《经》：“秋，八月。蔡季自陈归于蔡。”《传》：“蔡季，蔡之贵者也。自陈，陈有奉焉尔。”桓公十五年《经》：“（夏）许叔入于许。”《传》：“许叔，许之贵者也。莫宜乎许叔。其曰入何也？其归之道，非所以归也。”同样似能证《传》文“大夫出奔反，以好曰归，以恶曰入”。其实不然，《穀梁传》判断《经》文中人的善恶，往往并非通过一种固定的“辞例”显示，而是多种“例”的综合。

> 桓公十五年《经》：“（夏）郑世子忽复归于郑。”《传》：“反正也。”
>
> 襄公二十六年《经》：“（春，王二月）甲午，卫侯衎复归于卫。”《传》：“日归，见知弑也。”

以上两例同为“复归”，虽有君、大夫之别，但明显以“日”别善恶。比如襄公二十六年一则，弑君所以明恶，日归所以明弑君。“突归”亦同，不称“郑突”而以称名“贱之”，是已显示其恶。贱者本来“不易归”，而归曰“易”。《传》分开解释，是善恶之判不在“归”的明证。

又如“来归”为“喜”[11]，而“归于”则往往更复杂：

> 昭公十三年《经》：“（八月，甲戌）蔡侯庐归于蔡。”
>
> 昭公十三年《经》：“（八月，甲戌）陈侯吴归于陈。”《传》：“善其成之会而归之，故谨而日之。此未尝有国也，使如失国辞然者，不与楚灭也。”
>
> 定公十三年《经》：“（冬）晋赵鞅归于晋。”《传》：“此叛也，其以归言之何也？贵其以地反也。贵其以地反。则是大利也？非大利也，许悔过也。许悔过，则何以言叛也？以地正国也。以地正国，则何以言叛？其入无君命也。”

上引几则，或言“失国”或言“叛”，皆是不仅仅以“归”判善恶，不再详述。《穀梁传》的“辞例”看似往往有前后矛盾处，其实《穀梁传》解释《经》文有多种规范而《传》并未交待明晰，这是《穀梁传》文本的一个缺陷，但这些规范往往可以通过《传》文推知。又，《穀梁传》往往还是以字义显明史实，然后可据这一事实判断善恶，并非简单直接的通过辞例。如此则，“归”指示的是“易”，本来说明的是郑厉公不该回来继位却回来继位这件事，却又被范宁当作了“例”，违背自己所作的《传例》，转而说“归有二义”，造成了解释的混乱。

三

上节举列分析范宁错将“时月日”“辞例”绝对化的情况。而更为严重的错误是，范宁往往牵合“时月日”与“辞例”，以至于两者并误。这种错误最具有代表性，兹举三例见其梗概：

桓公二年《经》："三月，公会郑伯于垂。"范注："垂，卫地也。传例曰：'往月，危往也。'桓大恶之人，故会皆月以危之。"杨《疏》："传例者，定八年《传》文也。此'三月，公会郑伯于垂'，二年'三月，公会齐侯、陈侯、郑伯于稷'，是'会皆月以危之'。"

首先谈《穀梁传》关于"危"的说法，因《传》文清晰，可以总结成三种。故详为举列：

一为"伤民本"而"危"，具体说是凡夺民时，伤民命则危：

庄公三十一年《经》："秋。筑台于秦。"《传》："不正罢民三时虞山林薮泽之利。且财尽则怨，力尽则怼。君子危之，故谨而志之也。"

僖公二十六年《经》："冬，楚人伐宋围闵。"《传》："伐国不言围邑，此其言围何也？以吾用其师，目其事也，非道用师也。公以楚师伐齐，取谷。以者，不以者也。民者，君之本也。使民以其死，非其正也。公至自伐齐，恶事不致，此其致之何也？危之也。"

二为"君险"则"危"，具体指凡鲁君与他国贤君（齐桓公）与夷狄交往、侵伐，危及性命则危：

隐公二年春《经》："公会戎于潜。"《传》："会者外为主焉尔。知者虑，义者行，仁者守，有此三者，然后可以出会。会戎危公也。"

庄公三十年《经》:“齐人伐山戎。”《传》:“齐人者，齐侯也。其曰人何也？爱齐侯乎山戎也。其爱之何也？桓内无因国，外无从诸侯，而越千里之险，北伐山戎，危之也。则非之乎？善之也。何善乎尔？燕，周之分子也，贡职不至，山戎为之伐矣。”

定公十年《经》:“夏，公会齐侯于颊谷。公至自颊谷。”《传》:“离会不致，何为致也？危之也。危之则以地致何也？为危之也。其危奈何？曰颊谷之会，孔子相焉。两君就坛，两相相揖。齐人鼓噪而起，欲以执鲁君。孔子历阶而上，不尽一等，而视归乎齐侯曰：‘两君合好，夷狄之民，何为来为。’命司马止之。齐侯逡巡而谢曰：‘寡人之过也。’退而属其二三大夫曰：‘夫人率其君与之行古人之道，二三子独率我而入夷狄之俗。何为。’罢会，齐人使优施舞于鲁君之幕下。孔子曰：‘笑君者罪当死。’使司马行法焉，首足异门而出。齐人来归郓讙龟阴之田者，盖为此也。因是以见，虽有文事，必有武备。孔子于颊谷之会见之矣。”

桓公十六年《经》:“秋，七月。公至自伐郑。”《传》:“桓无会，其致何也？危之也。”

定公八年《经》:“二月，公侵齐，三月。公至自侵齐。”《传》:“公如，往时致月，危致也。往月致时，危往也。”

定公十二年《经》:“公至自围成。”《传》:“何以致？危之也。何危尔？边乎齐也。”

三为“慎终”，指危不得葬：

隐公三年《经》:“癸未，葬宋缪公。”《传》:“日葬，故也。危不得葬也。”

庄公三年《经》："五月，葬桓王。"《传》："天子志崩不志葬，必其时也。何必焉？举天下而葬一人，其义不疑也。志葬，故也。危不得葬也。"

僖公三十三年夏《经》："癸巳，葬晋文公。"《传》："日葬，危不得葬也。"

文公九年二月《经》："辛丑，葬襄王。"《传》："天子志崩不志葬。举天下而葬一人，其道不疑也。志葬，危不得葬也。日之，甚矣，其不葬之辞也。"

上引《传》文有关于"危"者，并归纳为较整齐的三类，从其中也可以窥探出《穀梁传》作者阐释的一些原则。而范注所引"危"的"时月日"例是定公八年《传》文"往时致月，危致也。往月致时，危往也。"则特指远赴侵伐，恐有伤于公，而以"月"见危。案桓公二年《经》："冬，公至自唐。"《传》："桓无会，而其致何也？远之也。"唐本鲁地，而曰"远"，是因桓公与戎会盟，故特"危"之。桓公十六年《经》："秋，七月。公至自伐郑。"《传》："桓无会，其致何也？危之也。"是因为侵伐，故"危"之。"公会郑伯于垂"，既非"失本"，又不危及国君，无"危"的道理。上文已论及，"会"并不一定"例时"，范宁则是为强解《经》书"三月"，而牵合"危"以疏通自己认定的并不正确的"时月日例"。

桓公十一年《经》："九月，宋人执郑祭仲。"范注："祭，氏。仲，名。执大夫有罪者例时，无罪者月，此月者，为下盟。"杨《疏》："知仲名者，以仲立恶黜正，无善可褒，故知仲名也。云'有罪者例时'者，庄十七年'春，齐人执郑詹'，经不书月，《传》曰：'以人执，与之辞也。'是执有罪书时之文也。言'无罪者月'者，成十六年'九月，晋人执季孙行父，舍之于苕丘’，彼虽为危，书月，亦是无罪之例也。今祭仲有罪，而经书月，故批注之，书月者，为下盟耳。案襄二十七年‘秋，七月，辛巳，豹及诸侯之大夫盟于宋’，书日，下云‘柔会宋公、陈侯、蔡叔，盟于折’，不日者，柔是大夫之未命者也，不得同正大夫。又下贵于士，故虽得书名，仍从卑者之盟不日之例也。”

上举一段。范以为“执”有罪大夫“例时”，杨举庄公十七年“齐人执郑詹”为证。无罪则月，杨举成公十六年“晋人执季孙行父”为证。但总结《传》文，此“例”《穀梁传》本来是无明文的，也为范宁自作。郑詹本非大夫，[12]又因“以人执”显其罪，不能作执大夫有罪“例时”的证据。而成公十六年，《传》无明文说季孙行父无罪，只是意在存公。[13]《经》中有“执”大夫、人的例子很多，有的不可以判断被执者有或无罪，[14]但可以判断者如：

昭公四年《经》：“秋，七月。楚子、蔡侯、陈侯、许男、顿子、胡子、沈子、淮夷伐吴。执齐庆封杀之。”《传》：“此入而杀，其不言入何也？庆封封乎吴钟离。其不言伐钟离何也？不与吴封也。庆封其以齐氏何也？为齐讨也。灵王使人以庆封令以军中曰：‘有若齐庆封弑其君者乎？’庆封曰：‘子一息，我亦且一言。曰：有若楚公子围弑其兄之子而代之为君者乎？’军人粲然皆笑。庆封弑其君，而不以弑君之罪罪之者，庆封不为灵王服也，不与楚讨也。《春秋》之义，用贵治贱，用贤治不肖，不以乱治乱也。孔子曰：‘怀恶而讨，虽死不服。’其斯之谓与。”

此则是执而杀例，虽不正楚子“以乱治乱”，但庆封有弑君之罪，依“范例”当书“时”，这里为何反而书“月”。

定公元年《经》：“三月，晋人执宋仲几于京师。”《传》：“此其大夫，其曰人何也？微之也。何为微之？不正其执人于尊者之所也，不与大夫之伯讨也。”

此《传》是不正晋人“伯讨”，但明确“宋仲几”有罪，同样书“月”。而范宁以为执有罪大夫“例时”者，大抵根据如下几则：

襄公十一年《经》：“（秋）楚人执郑行人良宵。”《传》：“行人者。挈国之辞也。”

襄公十八年《经》：“夏，晋人执卫行人石买。”《传》：“称行人，怨接于上也。”

定公七年《经》：“（秋）齐人执卫行人北宫结以侵卫。”《传》：“以，重辞也。卫人重北宫结。”

昭公八年《经》：“（夏）楚人执陈行人干征师，杀之。”《传》：“称人以执大夫，执有罪也。称行人，怨接于上也。”

以上皆执“行人”，或“挈国”或“怨接于上”，但四则同样“称人以执大夫”，与范例相合。

文公十四年《经》：“冬，单伯如齐，齐人执单伯。”《传》：“私罪也。单伯淫于齐，齐人执之。”

此条是执有罪，而“时”，与范例合。上述两例“不合”者与数例“合”之外，还有两则可以对比的重要例子：

昭公十三年《经》："（秋）晋人执季孙意如以归。"

昭公二十三年《经》："（春）晋人执我行人叔孙婼。"

案，判断季孙意如有罪可据昭公十有四年《经》："春，意如至自晋。"《传》："大夫执则致，致则名。意如恶，然而致，见君臣之礼也。"《传》明言其"恶"。而同样因昭公二十四年《经》："（春）婼至自晋。"《传》："大夫执其致，致则挈，由上致之也。"可知叔孙婼与季孙意如不同，一者有罪一者无罪，但同"时"。如果上面曾举的昭公四年及定公元年的例子，若以"执"与"被执"者都有过错，而不能作直接证据，则这两则的对比足可以说明范宁创造的"执大夫有罪者例时"是无法推广到全《传》的。

通观传例，庄公十七年及昭公八年都有"称人以执"则有罪的《传》文。当以此为标准观所执者是否有罪。若以时月看，不仅违背了"辞例"，也使"时月日例"变得乖违凌乱。

隐公四年《经》："四年，春，王二月，莒人伐杞，取牟娄。"范注："传例曰：'取，易辞也。'伐国不言围邑，言围邑，皆有所见。伐国及取邑例时，此月者，盖为下戊申卫君完卒日起也。凡例宜时而书月者，皆缘下事当日故也。日必继于月，故不得不书月。事实在先，故不得后录也。他皆放此。"杨《疏》："'取，易辞也'，十年《传》文。'伐国不言围邑'，五年《传》文。'伐国及取邑例时'者，案六年'冬，宋人取长葛'，僖二十六年'冬公以楚师伐齐，取谷'，宣九年'秋取根牟'，皆不月，是例时也。其取须句，以其再取，故日。取郓、取鄟，皆内之叛邑，为害重大，故月。取部、取防，恶乘人之败，故日明常例则时。"

案，杨疏“取，易辞也，十年《传》文”者，所指是《经》：“宋人、蔡人、卫人伐载，郑伯伐取之。”《传》：“不正其因人之力而易取之。故主其事也。”案《传》言“取，易辞也”凡四见，如下：

庄公九年《经》：“九月，齐人取子纠杀之。”《传》：“外不言取。言取，病内也。取，易辞也。犹曰：‘取其子纠而杀之云尔。’十室之邑，可以逃难；百室之邑，可以隐死。以千乘之鲁，而不能存子纠，以公为病矣。”

昭公二十五年《经》：“十有二月，齐侯取郓。”《传》：“取，易辞也。内不言取，以其为公取之，故易言之也。”

哀公九年春《经》：“宋皇瑗帅师，取郑师于雍丘。”《传》：“取，易辞也。以师而易取，郑病矣。”

哀公十三年《经》：“十有三年，春。郑罕达帅师，取宋师于嵒。”《传》：“取，易辞也。以师而易取，宋病矣。”

范言传例：“取，易辞也”，好像是《传》凡言“取”皆为“易”，都是有所指。但以“取”来说，正常的“取地”便不在此范围中。而“易”又各有别，如上列昭公二十五年便是非常之例，近似者还有昭公三十二年《经》：“三十有二年，春，王正月。公在干侯，取阚。”是范说往往太过囫囵。

而范宁以为“伐国及取邑例时”，[15]亦不准确，是较典型地将“辞例”与“时月日”牵合，两者都误的一例。如其所称“伐国及取邑例时”者外，关于伐国、取邑尚有别例，《传》文较为清晰，先举列如下：

“外取邑不志”，凡志，必有所指：如隐公六年《经》：“冬。宋人取长葛。”《传》：“外取邑不志，此其志何也？久之也。”是说宋围城已久，书以恶之。《疏》中所指“十年《传》文”，即《经》：“宋人、蔡人、卫人伐载，郑伯伐取之。”《传》：“不正其因人之力而易取之。故主其事也。”同在此类。另，僖公三年《经》：“（夏）徐人取舒。”“舒”是夷狄之国，其事不明，当阙如。

“取邑不日”，凡书日，必有所指：如隐公十年《经》：“（六月）辛未，取郜。辛巳，取防。”《传》：“取邑不日，此其日何也？不正其乘败人而深为利。取二邑，故谨而日之也。”同例者有文公七年《经》：“七年，春。公伐邾。三月，甲戌。取须句。”《传》：“取邑不日。此其日何也？不正其再取，故谨而日之也。”

“内不言取”，凡言，则有所指：如宣公元年《经》：“六月。齐人取济西田。”《传》：“内不言取。言取，授之也。以是为赂齐也。”又如哀公八年《经》：“夏，齐人取讙及阐。”《传》：“恶内也。”正例则如襄公十二年《经》：“春，王三月。莒人伐我东鄙，围郚。”《传》：“伐国不言围邑，举重也；取邑不书围，安足书也。”其实莒取郚，因讳言“围”。又如定公十二年《经》：“（夏）叔孙州仇帅师堕郈。”《传》：“犹取也。”本应言“取”而言“堕”。

至于杨《疏》：“取郓、取鄟，皆内之叛邑，为害重大，故月”，“取郓”是内不言“取”例，“取鄟”当为“取阚”之误，当是因公而“取”，所以为“易辞”。除此之外昭公四年《经》：“九月，取缯。”是“取国”。与哀公二年《经》：“二年春，王二月。季孙斯、叔孙州仇、仲孙何忌帅师伐邾。取漷东田。”《传》：“漷东未尽也。”《经》：“及沂西田。”《传》：“沂西未尽也。”皆书月。综观以上诸例，是“取邑不日”明，但书月与不书月则未必。[16]范宁“例时”之说并不正确。

范宁的三个误例，都是将“时月日例”及“辞例”相互牵合，以至两方面都出现背离了《穀梁传》文本的意思。上节谈到，《穀梁传》的“辞例”往往是配合“事”设定的。如上讨论关于“危”

的一例，归纳《传》文，“危”的指向较为整齐、明晰：一为“失本”而危，凡夺民时，伤民命则危；二为“君险”则危，凡与夷狄交、侵伐及危及君身则危；三为“慎终”，危不得葬。以上三项都有“事”的属性，且该“事”确有“危”的道理，才真的可以称作“危”。《穀梁传》在这一点上，也可以说是“以事解经”，是非常理性与正确的。而范宁将《穀梁传》以“事”为出发点，以“辞例”显明“事”的方法转化成纯粹以“例”为核心，尤其以“时月日例”为核心，将全部《传》文机械的统一，难免前后乖谬。

四

除上述三节的主要错误外，范宁其余疏失还有很多。有范宁强加设置“时月日例”者，如：

> 桓公三年《经》：“（冬）有年。”范注：“有年例时。”杨《疏》：“凡书‘有年’者，冬下谷毕入，计用丰足，然后书之，不可系以日月，故例时也。宣十六年‘冬，大有年’亦时，是其证也。”

“有年”还见宣公十六年《经》：“冬，大有年。”案，定公元年《传》：“以年决者，不以日决也。”是传例除时、日、月者还应有不为人注意的“年”。“有年”必是“冬下谷毕入，计用丰足，然后书之”，不可书于春、夏、秋三时，从在文本的位置上似乎是例“冬”，也就是例时。但“有年”指代整体一年，必须也只能书在一年的最后，故可以说是“以年决者”。范宁以为例时则不当，而设置此“例”也并没有必要，因为“有年”在文本中的位置是绝对的、固定的。

又有范宁因“持平”“三传”，随意采用《左传》《公羊传》说者：

桓公二年《经》：“（春）滕子来朝。”范注：“隐十一年称侯，今称子，盖时王所黜。”杨《疏》：“周公之制，爵有五等，所以拟其黜陟。今传无贬爵之文，明降爵非《春秋》之义。又且此时周德虽衰，尚为天下宗主，滕今降爵，明是时王所黜也。”

《春秋》书诸侯爵位，变更必有原因。如“陈侯”，僖公二十八年及定公四年称子，是即位未逾年，此是可以知者。“杞”向来称“伯”，但僖公二十三年《经》：“冬，十有一月。杞子卒。”僖公二十七年《经》：“二十有七年，春。杞子来朝。”襄公二十九年《经》：“（夏）杞子来盟。”皆称“杞子”。又“薛”向来称“伯”，而隐公十一年《经》：“十有一年，春。滕侯、薛侯来朝。”则称“薛侯”。皆不知何故，当阙疑，不可随意解为“时王所黜”。

案《左传》桓公二年《经》：“（春）滕子来朝。”杜预注：“无《传》。隐十一年称侯，今称子者，盖时王所黜。”是范宁袭取杜说，而杜说也无所据，只是猜测而已。

隐公三年《经》：“夏，四月，辛卯，尹氏卒。”《传》：“尹氏者，何也？天子之大夫也。外大夫不卒，此何以卒之也？于天子之崩为鲁主，故隐而卒之。”范注：“隐犹痛也。《周礼·大行人职》曰：‘若有大丧，则诏相诸侯之礼’，然则尹氏时在职而诏鲁人之吊者。不书官名，疑其讥世卿。”杨《疏》：“‘诏鲁人之吊’者，叔孙得臣如京师，《经》书名氏，今不见其名，盖微者也。‘疑其讥世卿’者，《穀梁》无《传》，唯据《公羊》，故云疑也。”

上引一段，范注所提出的问题是尹氏“不书官名”，而杨《疏》却说“不见其名”。尹氏是“天子之大夫”，而《疏》所指叔孙得臣为鲁国大夫，本非同例。何况庄公元年、文公十五年、定公十四年《传》文皆有“天子之大夫不名。”又“讥世卿”为《公羊传》义，昭公二十三年《经》：“（秋）尹氏立王子朝。”昭公二十六年《经》：“（冬）尹氏、召伯、毛伯以王子朝奔楚。”尹氏或数世为卿。《穀梁传》无此义，可阙疑，不需引用《公羊传》。

综观以上举列，范宁在《集解》中对《传》文的阐释方法的错误可以归纳为两种：一是轻易地怀疑《穀梁传》的正确性，未经仔细考核的“持平三传”，并且随意引取何休、杜预注；二是将《传》文中的“时月日例”“辞例”进行“绝对化”处理，将某则“义例”推广、贯彻到全传相似《传》文处。这两种方法导致《春秋穀梁传集解》中存在较多浮泛、牵强的解释。

就第一种倾向而言，如果将范宁《春秋穀梁传集解》与何卲公《春秋公羊传解诂》对比，何氏学“求之过深”，往往非《公羊传》本义，甚至不同于董仲舒等先师义。而因“求之过深”，并有了新的“体系”，才卓然成为一门深邃的学问。范注于《穀梁传》有些求之过浅，甚至往往不求甚解。何氏学可谓精微的“新”思想，而范宁虽想持平“三传”以解《经》，但往往不肯仔细探研。所释不得《春秋》正义，不得《穀梁传》本义，杂取《公羊传》《穀梁传》及何、杜说，更无“新”意给后人借鉴。而第二种错误方法，范宁想整齐《穀梁传》的“时月日例”及其他“辞例”的出发点是好的，但他将《传》文中“例”绝对化，不考虑《传》“例”背后的事与《传》本身存在的方法、逻辑问题。《穀梁传》凭借已知的史料（也许是错误的史料）而发“辞例”，是实事求是的。范宁以“例”为主，则将《春秋》看做脱离史实的“条款”一般，作“文字游戏”，不得不说是解《经》的一大退步。不仅完全将《穀梁传》的解释带上歧途，并未发挥《穀梁传》独到的优点，更甚者是没有遵守“实事求是”的学风，刻意地营造了一个并不适用的系统。当然，范宁方法的疏失也有时代局限的因素，但严格来说，范宁的《春秋穀梁传集解》因这两种错误方法，大大减损了学术价值。

注释：

〔1〕张沛：《中说校注》，北京：中华书局，2013 年，第 62 – 63 页。

〔2〕杨树达：《淮南子证闻》，上海：上海古籍出版社，2013 年，第 133 页。

〔3〕［清］柯劭忞：《春秋穀梁传注》，南宁：广西师范大学出版社，2018 年，第 24 页。

〔4〕如桓公二年《经》：“三月，公会齐侯、陈侯、郑伯于稷。以成宋乱。”《传》：“以者，内为志焉尔。公为志乎成是乱也。此成矣，取不成事之辞而加之焉。于内之恶，而君子无遗焉尔。”桓公十三年《经》：“十有三年，春，二月。公会纪侯、郑伯。己巳，及齐侯、宋公、卫侯、燕人战，齐师、宋师、卫师、燕师败绩。”《传》：“其言及者，由内及之也；其曰战者，由外言之也。战称人，败称师，重众也。其不地，于纪也。”桓公十五年《经》：“冬，十有一月。公会宋公、卫侯、陈侯于袲。伐郑。”《传》：“地而后伐，疑辞也，非其疑也。”桓公十六年《经》：“夏，四月。公会宋公、卫侯、陈侯、蔡侯，伐郑。”桓公十八年《经》：“十有八年，春，王正月。公会齐侯于泺。公与夫人姜氏遂如齐。”《传》：“泺之会不言及夫人何也？以夫人之伉，弗称数也。”僖公四年《经》：“四年，春，王正月。公会齐侯、宋公、陈侯、卫侯、郑伯、许男、曹伯侵蔡。蔡溃。”《传》：“溃之为言上下不相得也。侵，浅事也。侵蔡而蔡溃，以桓公为知所侵也。不土其地，不分其民，明正也。”成公三年《经》：“三年，春，王正月。公会晋侯、宋公、卫侯、曹伯伐郑。”成公十年《经》：“五月，公会晋侯、齐侯、宋公、卫侯、曹伯伐郑。”成公十三年《经》：“夏，五月，公自京师。遂会晋侯、宋公、卫侯、郑伯、曹伯、邾人、滕人伐秦。”成公十五年《经》：“冬，十有一月。叔孙侨如会晋士燮、齐高无咎、宋华元、卫孙林父、郑公子鳅、邾人会吴于钟离。”《传》：“会又会，外之也。”襄公十八年《经》：“冬，十月。公会晋侯、宋公、卫侯、郑伯、曹伯、莒子、邾子、滕子、薛伯、杞伯、小邾子同围齐。”《传》：“非围而曰围，齐有大焉，亦有病焉。非大而足同焉。诸侯同罪之也，亦病矣。”定公四年《经》：“三月，公会刘子、

晋侯、宋公、蔡侯、卫侯、陈子、郑伯、许男、曹伯、莒子、邾子、顿子、胡子、滕子、薛伯、杞伯、小邾子、齐国夏于召陵，侵楚。”哀公十一年《经》：“五月，公会吴伐齐。”

〔5〕如庄公二年《经》：“冬，十有二月。夫人姜氏会齐侯于禚。”《传》：“妇人既嫁不踰竟，踰竟非正也。妇人不言会，言会非正也。飨，甚矣。”庄公三年《经》：“三年，春，王正月。溺会齐侯伐卫。”《传》：“溺者何也？公子溺也。其不称公子何也？恶其会仇雠而伐同姓，故贬而名之也。”僖公四年《经》：“冬，十有二月。公孙兹帅师会齐人、宋人、卫人、郑人、许人、曹人侵陈。”文公三年《经》：“三年，春，王正月。叔孙得臣会晋人、宋人、陈人、卫人、郑人伐沈。沈溃。”襄公二年《经》：“秋，七月。仲孙蔑会晋荀罃、宋华元、卫孙林父、曹人、邾人于戚。”襄公十四年《经》：“十有四年，春，王正月。季孙宿、叔老会晋士匄、齐人、宋人、卫人、郑公孙虿、曹人、莒人、邾人、滕人、薛人、杞人、小邾人会吴于向。”襄公十四年《经》：“夏，四月。叔孙豹会晋荀偃、齐人、宋人、卫北宫括、郑公孙虿、曹人、莒人、邾人、滕人、薛人、杞人、小邾人伐秦。”

〔6〕如隐公二年《经》：“冬，十月，伯姬归于纪。”《传》：“礼，妇人谓嫁曰归，反曰来归，从人者也。”隐公七年《经》：“七年，春，王三月。叔姬归于纪。”桓公九年《经》：“九年，春，纪季姜归于京师。”庄公元年《经》：“（冬）王姬归于齐。”庄公十一年《经》：“冬，王姬归于齐。”庄公十二年《经》：“十有二年，春，王三月。纪叔姬归于酅。”《传》：“国而曰归。此邑也，其曰归何也？吾女也。失国喜得其所，故言归焉尔。”庄公二十五年《经》：“（夏）伯姬归于杞。”文公十五年《经》：“十有二月，齐人来归子叔姬。”《传》：“其言来归何也？父母之于子，虽有罪，犹欲其免也。”文公十八年《经》：“（冬）夫人姜氏归于齐。”《传》：“恶宣公也。有不待贬绝，而罪恶见者；有待贬绝，而恶从之者。侄娣者，不孤子之意也。一人有子，三人缓带，一曰就贤也。”宣公十六年《经》：“秋，郯伯姬来归。”成公五年《经》：“五年，春，王正月，杞叔姬来归。”《传》：“妇人之义，嫁曰归，反曰来归。”成公九年《经》：“九年，春，王正月。杞伯来逆叔姬之丧以归。”《传》：“传曰，夫无逆出妻之丧而为之也。”成公九年《经》：“二月，伯姬归于宋。”

〔7〕如隐公元年《经》：“秋，七月，天王使宰咺来归惠公仲子之赗。”隐公八年《经》：“三月，郑伯使宛来归邴。”《传》：“名宛，所以贬郑伯，恶与地也。”庄公六年《经》：“冬，齐人来归卫宝。”《传》：“以齐首之，分恶于齐

也。”文公五年《经》：“五年，春，王正月，王使荣叔归含且赗。”《传》：“含一事也，赗一事也。兼归之，非正也。其曰且，志兼也。其不言来，不周事之用也。赗以早，而含已晚。”文公九年《经》：“（冬）秦人来归僖公成风之襚。”宣公十年《经》：“（十年，春）齐人归我济西田。”《传》：“公娶齐，齐由以为兄弟。反之，不言来，公如齐受之也。”成公八年《经》：“八年，春。晋侯使韩穿来言汶阳之田，归之于齐。”《传》：“于齐，缓辞也。不使尽我也。”定公五年《经》：“夏，归粟于蔡。”《传》：“诸侯无粟，诸侯相归粟，正也。孰归之，诸侯也。不言归之者，专辞也。义迩也。”定公十年《经》：“（夏）齐人来归郓讙龟阴之田。”定公十四年《经》：“（秋）天王使石尚来归脤。”《传》：“请行脤，贵复正也。”哀公八年《经》：“（冬）齐人归讙及阐。”又隐公三年《经》：“秋，武氏子来求赙。”《传》：“归死者曰赗，归生者曰赙。曰归之者，正也。求之者，非正也。周虽不求，鲁不可以不归。鲁虽不归，周不可以求之。求之为言得不得，未可知之辞也。交讥之。”

〔8〕如隐公七年《经》：“冬，天王使凡伯来聘。戎伐凡伯于楚丘以归。”《传》：“以归，犹愈乎执也。”庄公十年《经》：“秋，九月。荆败蔡师于莘，以蔡侯献武归。”《传》：“以归，犹愈乎执也。”宣公十五年《经》：“六月，癸卯晋师灭赤狄潞氏，以潞子婴儿归。”成公十五年《经》：“（三月）癸丑，公会晋侯、卫侯、郑伯、曹伯、宋世子成、齐国佐、邾人同盟于戚。晋侯执曹伯，归于京师。”《传》：“以晋侯而斥执曹伯，恶晋侯也。不言之，急辞也，断在晋侯也。”襄公十六年《经》：“（三月）晋人执莒子邾子以归。”昭公十一年《经》：“冬，十有一月，丁酉。楚师灭蔡，执蔡世子友以归，用之。”昭公十三年《经》：“（秋）晋人执季孙意如以归。”定公四年《经》：“夏，四月，庚辰。蔡公孙姓帅师灭沈，以沈子嘉归杀之。”定公六年《经》：“六年，春，王正月，癸亥。郑游速帅师灭许，以许男斯归。”定公十四年《经》：“二月，辛巳。楚公子结、陈公孙佗人帅师灭顿。以顿子牂归。”定公十五年《经》：“二月，辛丑。楚子灭胡，以胡子豹归。”哀公四年《经》：“（夏）晋人执戎蛮子赤归于楚。”哀公八年《经》：“八年，春，王正月。宋公入曹，以曹伯阳归。”

〔9〕庄公二十四年《经》：“（冬）赤归于曹，郭公。”《传》：“赤盖郭公也。何为名也？礼，诸侯无外归之义。外归，非正也。”

〔10〕文公十五年《经》：“（夏）齐人归公孙敖之丧。”哀公八年《经》：“（夏）归邾子益于邾。益之名，失国也。”

〔11〕闵公元年《经》：“（秋，八月）季子来归。”《传》：“其曰季子，贵之

也。其曰来归，喜之也。"

〔12〕郑詹非大夫，为"卑者"。庄公十七年《经》："十有七年，春，齐人执郑詹。"《传》："人者，众辞也。以人执，与之辞也。郑詹，郑之卑者。卑者不志，此其志何也？以其逃来志之也。逃来则何志焉？将有其末，不得不录其本也。郑詹，郑之佞人也。"

〔13〕成公十六年《经》："九月，晋人执季孙行父，舍之于苕丘。"《传》："执者不舍，而舍公所也。执者致，而不致，公在也。何其执而辞也？犹存公也，存意公亦存也？公存也。"

〔14〕如僖公四年《经》："（夏）齐人，执陈袁涛涂。"《传》："齐人者，齐侯也。其人之何也？于是哆然外齐侯也，不正其踰国而执也。"襄公二十六年《经》："（秋）晋人执卫宁喜。"昭公八年《经》："冬，十月，壬午。楚师灭陈，执陈公子招，放之于越。杀陈孔奂。"《传》："恶楚子也。"昭公十一年《经》："冬，十有一月，丁酉。楚师灭蔡，执蔡世子友以归。用之。"《传》："此子也，其曰世子何也？不与楚杀也。一事注乎志，所以恶楚子也。"定公六年《经》："秋，晋人执宋行人乐祁犁。"

〔15〕如范宁所言，"伐国及取邑"书"时"者，有僖公二十二年《经》："春，公伐邾取须句。"僖公二十六年冬《经》："（冬）公以楚师伐齐，取穀。"《传》："以者，不以者也。民者君之本也。使民以其死，非其正也。"僖公三十一年《经》："春，取济西田。"僖公三十三年《经》："（夏）公伐邾，取訾楼。"宣公四年《经》："（春）公伐莒。取向。"《传》："伐犹可，取向甚矣。莒人辞不受治也。伐莒，义兵也。取向，非也。乘义而为利也。"宣公九年《经》："秋，取根牟。"宣公十年《经》："（秋）公孙归父帅师伐邾，取绎。"成公二年《经》："（秋）取汶阳田。"成公六年春《经》："（春）取鄟。"《传》："鄟，国也。"襄公十三年《经》："夏，取邿。"襄公十九年春《经》："（春）取邾田自漷水。"《传》："轧辞也。"

〔16〕另有取郜大鼎例可做参考。桓公二年《经》："夏，四月。取郜大鼎于宋。戊申，纳于太庙。"《传》："桓内弑其君，外成人之乱，受赂而退，以事其祖，非礼也。其道以周公为弗受也。郜鼎者，郜之所为也。曰宋，取之宋也，以是为讨之鼎也。孔子曰：'名从主人，物从中国。'故曰：郜大鼎也。"

《春秋穀梁传疏》所称“旧解”考

唐初孔颖达等学者为“经”“注”所作的“疏”，大多都参考了前人的“义疏”成果，是对六朝“义疏”之学的集成与发展。这一点可以从孔颖达所作《五经正义》的序，尤其是《礼记正义序》及《隋书·经籍志》等书目中得出较为直观的结论。但由于《穀梁传》传习相对于《诗》《书》“三礼”及《左传》为寡少，甚至长期好似为《左传》《公羊传》的附庸，只有数家注解为人所知。六朝“义疏”之学好像在《穀梁传》这一经典上并没有很好的体现。

一

《隋书·经籍志》《旧唐书·经籍志》及《新唐书·艺文志》对前代《穀梁传》述注书籍著录出入无多，在杨士勋为范宁《集解》所作《疏》前并没有“穀梁义疏”一类著作的记载。这一现象产生的原因可能较为复杂，且今日我们所能见到的史料不多。如果作一种合理的推测，那大抵由于《穀梁传》本身简要、平实，不比《左传》的“艳而富”较为“吸引”学者关注。且其在两汉设立博士官的时间较短，难比《公羊传》严、颜两家，能使传习者走上仕途。虽然曾出现过刘向这样优异的学者，但终究难比董仲舒、何休有较为精深、系统的阐释，其后也未形成《左传》“贾服注”及“杜注”这样的较为权威的注本。如麋信、徐邈、范宁等人的注解虽都有流传，但未形成专门之学的风气。

但这种推测不代表历史上真的没有学者去研究、疏释这些《穀梁传》非权威的注本。如在杨士勋的《春秋穀梁传疏》中可以看到诸如“旧解”一类的说法。这些“旧解”在《疏》文中往往与麋信、徐邈等人的“注”相区别相比较，并且有解释范宁《集解》的内容。如在范宁《春秋穀梁传序》的《疏》中便有多次出现，俱列如下：《序》：“鬼神为之疵厉。”《疏》：“旧解以为‘鬼神’即宗庙是也。”[1]《序》：“天垂象，见吉凶。”《疏》：“独言天象者，旧解云：‘尊作法之本，明圣人与天地合其德，与日月齐其明，以为川岳崩竭，亦是天使为之，故总言垂象以包之。’”《序》：“四夷交侵，华戎同贯。”《疏》：“旧解‘四夷交侵，华戎同贯’，指谓当《春秋》之时。”《序》：“孔子睹沧海之横流。”《疏》：“旧解引扬雄《剧秦篇》曰：‘当秦之世，海水群飞。’海水喻万民，群飞言散乱。又引《孟子》云：‘当尧之世，洪水横流。’言不复故道，喻百姓散乱，似水之横流”。《序》：“鼓芳风以扇游尘。”《疏》：“旧解以正乐为芳风，淫乐为游尘。乐可以降天神，出地祇，故云芳风。淫乐鬼神不享，君子不听，故曰游尘。或以为善之显著者为芳风，恶之烦碎者为游尘，理亦足通耳。但旧解云范氏《别录》如此，故两存之。”《序》：“故附势匿非者无所逃其罪。”《疏》：“旧解若公子翚假桓公之势，匿情于隐，可谓非人臣也。”又“或以为‘匿非’谓隐匿其非，便于旧解”。《序》：“瑰望硕儒。”《疏》：“旧解云：‘瑰望者，据容貌言之；硕儒者，大德之称。’”《序》：“《公羊》辩而裁”。《疏》：“旧解以为‘裁’谓才辩，恐非也。”

以上“旧解”无疑是解释范宁《春秋穀梁传序》的，且如“鼓芳风以扇游尘”一句的《疏》兼存两解，可见不止一家解释该《序》。在六朝及隋一段时间内，多有为某家经注之“序”作注者，如刘寔集解《春秋序》一卷、刘炫《春秋左传杜预序集解》一卷等。惟以上诸处“旧解”的来源，不知是为范《序》单作注者，还是解“范注”兼注《序》的。但也可以反映出，南北朝时期“范注”作为一家之学，也是受人重视的。

除《序》之外，“传”文中的《疏》中也有称“旧解”而为解“范注”的，杨士勋引用这些疏释“范注”的“旧解”也有着不同的目的。

有引“旧解”证“范注”者。如僖公九年《传》：“国人不子。”范注：“诸侯在丧称子，言国人不君之，故系于其君。”《疏》：“旧解诸侯在丧称子，今国人不以为君，故不直谓之子，而系之于君也。”这种以“旧解”证“范注”的情况，大多是杨士勋以为“旧解”正确，或作为自己解释的佐证。除以上一则，还有五则略述如下：僖公二十四年《传》：“天子无出”云云，范注引江熙：“夫子祖述尧舜”云云之《疏》。成公三年《传》：“郑伐许”，范注：“又叛诸侯之盟”云云之《疏》。成公十六年《传》：“公存也”，范注：“但存此二事，即知公在苕丘”之《疏》。襄公二十五年《传》：“门于巢，乃伐楚也”，范注：“先攻巢，然后楚乃可得伐”之《疏》。昭公三年《传》：“秋，七月”云云，范注：“众国之君”之《疏》。

有引“旧解”存一说者。如桓公五年《传》：“任叔之子者，录父以使子也”云云，范注：“参讥之”，《疏》：“旧解传言‘微其君臣，而着其父子’，是刺其父之不肖，而令苟进，更又刺其君臣，故曰‘参讥之’。”此条“旧解”虽云“解传”，但“解传”是为了阐明“范注”的“参讥之”。其后又有：“或以为参者，交互之义，不读为三，理亦得通”，两说并存。又如襄公九年《传》：“不异言郑”云云，范注：“戏盟还而楚伐郑，故耻不能终有郑”。《疏》：“旧解以伐郑之文在上，即同盟于戏，明郑在可知，故不异言也”云云，至“谓既盟之后，楚即伐郑，耻不能终据之，故不致也。”案此条“旧解”虽释“传”，但借用“范注”的“终”字，可以看出这条“旧解”本是疏“范注”而解“传”者。其下又有“又一解，不异言郑，谓会伐无郑伯之文，今不序，是不异言也”云云，两说并存。这种引“旧解”存一说，多是两说并列，都可讲通。除上两则，尚有二则略述如下：襄公十年《传》：“会又会，外之也”，范注：“复夷狄故”之《疏》。文公十八年《传》：“恶宣公也”，范注：“恶不奉姜氏”云云之《疏》。

有引“旧解”而存疑者。如庄公三十一年《传》：“戎菽也。”《疏》：“旧解谓顺经意而惜齐侯”云云。案此“旧解”释“戎菽”为戎的豆。而杨士勋引《管子》及徐邈说，以为“戎菽”是一种豆名。但《疏》又云：“据彼传及注意，则似不以戎为豆。今疑不敢正，故两载之。”是“旧解”本当释“注”，但与“注意”是否相同，杨士勋不能判定，故“两载”存疑。

有引“旧解”补充范宁说者。如宣公三年《传》：“缓辞也”，《疏》：“旧解范氏《别例》云凡三十五。范既总为例，则言‘之’者，并是缓辞也”云云。所谓的“范氏《别例》”是杨士勋未见到的范宁关于《穀梁传》的著作，转引“旧解”补充“范注”未备。

有引“旧解”而驳之者，这种情况是最多的。如桓公十四年《传》：“乙亥，尝。御廪之灾不志”，范注：“以其微”，《疏》：“旧解云：‘灾是大事，尝亦不小，而云微者，周之八月，夏之六月，其六月之末，容得立秋之节祭，未足可书，比之灾则为微，当合举重，而今并书之者，是未易灾之余可志，而已见其不敬，故兼志之。’如此解，则传云‘御廪之灾不志’者，谓不当兼志之也。”上例为杨士勋直接驳斥“旧解”。又文公十五年《传》：“诸侯盟于扈”，范注：“诸侯皆会，而公独不与，故耻而略之”，《疏》：“旧解公独不与者，谓七年扈之盟公不得与，故略言诸侯。此与十七年公虽与会，讳前不与，故亦略之。其意解公独不与，谓七年时也。今以为公独不与，正谓此年公在不与，故言公会诸侯。”案此条杨士勋并未驳斥“旧解”而发新说，对比起来新说于注例更为妥当，故同于驳斥

“旧解”。除以上举两则，还有五则述如下：文公二年《传》：“大事于大庙，跻僖公”，范注：“大事，祫也”云云之《疏》。文公五年《传》：“而含已晚”，范注：“已殡，故言晚”云云之《疏》。文公十四年《传》：“失之也”之《疏》。文公十八年《传》：“莒弑其君庶其”，范注：“传例曰：称国以弑其君，君恶甚矣”之《疏》。宣公八年《传》：“葬既有日”云云之《疏》。成公九年《传》：“城中城者，非外民也”，范注：“讥公不务德政”云云之《疏》。

以上杨《疏》引“旧解”凡二十则，不论“旧解”正确与否，都确为疏释“范注”者。它们应当是以文献形式存在于唐初，故杨士勋得以参考。其出现时间在“范注”之后，杨《疏》之前的二百余年间。而其每则来源虽不可考，但大约是以三种文献形式存在的：一是在杨《疏》之前，确有类似于“穀梁义疏”的著作，但《隋书·经籍志》等目录失载。二是存于一些单篇文章，如学者往来书信、上书公牍与公私议论等，或是见于如徐邈《答春秋穀梁义》这一形式的著作中。三是出现在“三传”或“二传”比较，如潘叔度《合三传通论》、江熙《公羊穀梁二传评》这一形式的著作中。

二

上引诸则“旧解”足以证明先唐有传习或研究“范注”的著作。且杨士勋大量的驳斥“旧解”，也反映出对疏释“范注”的“旧解”的重视。而在杨《疏》中，“旧解”还有直释“传”者。如成公十八年《传》：“宋鱼石复入于彭城”，范注：“彭城，宋邑”云云，《疏》：“旧解以为初入国都，后入曲沃，言复入。若然，何不云复入曲沃，而云复入于晋?”此条“旧解”虽在成公十八年“传”“注”下，但为解襄公二十三年《传》文。除以上一则，其余尚有隐公元年《传》：“段，郑伯弟也”云云之《疏》。桓公二年《传》：

“孔，氏；父，字谥也”之《疏》。桓公十四年《传》：“无冰”之《疏》。庄公元年《传》：“其不言齐侯之来逆”云云之《疏》。庄公十六年《传》：“不言公，外内寮一疑之也”之《疏》。庄公十八年《传》：“一有一亡曰有”之《疏》。庄公二十四年《传》：“大夫宗妇觌，用币”之《疏》。庄公二十八年《传》：“大者，有顾之辞也”之《疏》。僖公三年《传》：“不言及者，以国与之也”云云之《疏》。僖公五年《传》：“执不言所于地”云云之《疏》。僖公十一年《传》：“雩，月，正也”之《疏》。僖公二十八年《传》：“公子启曰”之《疏》。僖公三十三年《传》：“进不能守，退败其师”云云之《疏》。文公元年《传》：“重天子之礼也”之《疏》。文公六年《传》：“襄公已葬”之《疏》。宣公四年《传》：“平者，成也”之《疏》。宣公十二年《传》：“日其事，败也”之《疏》。成公元年《传》：“终无冰矣，加之寒之辞也”之《疏》。成公十三年《传》：“闵之也”云云之《疏》。成公十六年《传》：“日事，遇晦曰晦”之《疏》。襄公六年《传》：“由别之而不别也”云云之《疏》。襄公十一年《传》：“挈国之辞也”之《疏》。[2]襄公二十七年《传》：“与之涉公事矣”之《疏》。昭公七年《传》：“平者成也”之《疏》。昭公八年《传》：“马候蹄”之《疏》。以上诸条虽是释“传”者，但其来源不知是否出自上文中谈到的疏释“范注”的著作中。

此外，杨《疏》还有引“旧解”不能判断为释“传”或释“注”者。如宣公九年《传》：“晋侯黑臀卒于扈”云云，范注：“外，谓国都之外”云云，《疏》：“晋侯黑臀不书葬者，旧解以为篡立故也，今案黑臀既书日卒，未必篡立，盖鲁不会，故不书也。”“晋侯黑臀”书葬与否，“传”与“范注”皆未谈及，故不知是为释“传”或释“注”。襄公十一年《传》：“挈国之辞也”，范注：“行人，是传国之辞命者。”《疏》：“祭仲不称行人，旧解私罪不称行人，或当非行人故也。”此条“旧解”是谈桓公十年事，不知是释

"传"或释"范注"。昭公八年《传》:"是以知古之贵仁义，而贱勇力也"，范注:"射以不争为仁，揖让为义"，《疏》:"旧解以为射弓之内，还射死禽，中则取之，故以重伤为雅。"案此条"旧解"论典制，不知是为"传"或"范注"而发，或是旧时"礼典"传闻。

以上列杨《疏》引释"范注"、释"传"及不能判断释"传"或释"范注"的"旧解"凡四十九条，数量虽然很多，但这并非是杨士勋参考前人成果的全部。在《疏》文中还能找到其他的一些引文，只是在这些地方不称作"旧解"。在上文"有引旧解存一说者"中已经举过一些例子。这里详细列举三个存在于杨《疏》中数量较多的其他"旧解"称法:

一是"旧说"。"旧说"有疏释"范注"者，这里不再作如上"旧解"中那样的分类。文公七年《传》:"秋，八月，公会诸侯、晋大夫盟于扈。其曰诸侯，略之也"，范注:"晋侯新立，公始往会，晋侯不盟，大夫受盟。既以丧娶，又取二邑，为诸侯所贱，不得序下会，讳使若扈之盟，都不可知，故略之"，《疏》云:"旧说使若扈之盟都不可知者，谓后十五年，亦不序诸侯探解下文故云都也。"则"旧说"是解释"范注"的"都"字。"旧说"有解释"经""传"文辞的。如庄公十年《经》:"二月，公侵宋"，《疏》云:"旧说以为公与宿盟，宋方病宿，故公侵之。"细察杨士勋之后的语义，如案"旧说"则能推得"公之无恶"，与下《传》文相违背。则这里的"旧说"的确是解释《穀梁传》经文的。另外，"旧说"有可能并不释经、传文辞者，只是引古代典制、故事者。如隐公元年《传》文:"贝玉曰含"，《疏》文中"旧说":"大夫当五，诸侯当七，天子当九，非也。"是谈礼制，不能判断是否解释传文注文。与此相近的还有庄公元年，《传》云:"王使荣叔来锡桓公命"，范注云:"礼有九锡"，并俱列"九锡"名称。而此段《疏》文中"旧说"是列出与范注所述"九锡"名称相异的一组名称，绝非解释范注者。但是否为解释传文则未知。“旧说”并非解释“经”“传”更明显的例子，如僖公四年《传》文述屈完语：“昭王南征不反，我将问诸江。”下引《吕氏春秋》高诱注引《左传》，又《疏》云：“故旧说皆云，汉滨之人以胶胶舡，船坏，昭王溺焉。”这一“旧说”明显是指所谓过去的史籍记载。又成公五年《经》：“梁山崩。”《传》有伯尊与辇人事。《疏》云：“旧说云，伯尊，晋之贤大夫。辇人，晋之隐士。”是“旧说”谈史事。但“辇者”或“辇人”在现存在其他典籍中也有相关记载，如在《左传》中与伯尊语者为“重人”其居“绛”而又称为“绛人”，《国语》也称为“绛人”。两汉时期相关记载中“辇者”被大量提及，如《韩诗外传》称“辇者”与“绛人”。故此条“旧解”也有可能是解释“传”文的。

二是“一解”。其有释“范注”者，如隐公七年《经》：“春，王三月，叔姬归于纪”，范注：“《易》曰”云云，《疏》：“一解引《易》者，证待年于父母国，与嫡俱行也”。僖公九年《传》：“天子之宰，通于四海”，范注：“宰，天官”云云，《疏》：“一解通于四海者，解其称官之意，与注乖，非也”。虽“一解”与“范注”相违，但察杨《疏》语义，其本为释“范注”者。成公九年《传》：“大夫溃莒而之楚，是以知其上为事也”，范注：“臣以叛君为事，明君臣无道”，《疏》引范氏《别例》：“凡溃者有四，发传有三。”而“一解郓不伐而自溃，与常例异，故重发之。文三年‘沉溃’不发者，从例可知他。”是“一解”虽不释“范注”而别释“范例”。显而易见的还有庄公十三年《传》：“曹刿之盟也，信齐侯也”，范注：“曹刿之盟”云云之《疏》。成公十六年《经》：“九月，晋人执季孙行父，舍之于苕丘”，范注：“行父”云云之《疏》。襄公十九年《传》：“轧辞也”，范注：“轧，委曲”云云之《疏》。又“一解”有释“经”“传”文者，如庄公六年《传》：“朔入逆，则出顺矣”，《疏》：“一解此当文自相比，朔入为逆，则出当为顺矣。”此类还有庄公九年《传》:“外不言取”之《疏》。“一解”有不知为解“经”“传”或释“范注”者。如隐公八年《经》:“三月，郑伯使宛来归邴”，范注:“凡有所归，例时。邴，郑邑”，《疏》:“一解以擅易天子之田，故谨而月之也。”案此“疏”虽针对“范注”而发，“一解”的内容更似释“注”，但或直释“经”文也未尝不可。襄公十四年《经》:“已未，卫侯出奔齐”，范注:“诸侯出奔例月，衎结怨于民，自弃于位，君弑而归，与知逆谋，故出入皆日，以着其恶”，《疏》:“一解以卫侯不名者，出奔书日，以见罪恶甚，故不复名也。”“一解”讨论“卫侯不名”，不知是直接释“传”，或是因“范注”而释“传”。

三是“或以为”。“或以为”有释“范注”者。如隐公元年《传》云:“贝玉曰含”，《疏》文中有“或以为《礼纬》天子用珠，诸侯用玉，大夫用璧，士用贝。又此《传》‘贝玉曰含’，故范氏不取《礼记》之文，而云诸侯含用玉也。若从前解《礼纬》之文，特为先代法，则于理通耳”。此段句读不明，“或以为”的内容当断在何处有两种可能。一是断在“士用贝”后，如此则“或以为”只是引用旧典礼制。一种则断在“而云诸侯含用玉也”后，如此“或以为”则解释“范注”为何不用《礼记》说，是疏释“范注”无疑。案此段《礼纬》之文，相近者有《左传》成公十七年孔颖达《疏》:“《礼纬》:天子含用珠，诸侯用玉，大夫用碧。”虽与杨疏中不尽相同，当同是直引《礼纬》文。若断在“士用贝”后，直引《礼纬》之文，则没有必要加“或以为”三字。只可能是“或以为”引《礼纬》解释“范注”为何不用《礼记》。杨士勋则更为疏释，这种引《礼纬》的解释为用周前制度，“则于理通耳”。庄公五年《传》:“王人，卑者也。称名，贵之也。”范注:“今以其衔命救卫，故贵之。贵之则子突为字可知明矣”云云，《疏》:“或以为突是名，子是贵，理亦通，但注意似不然。”此中“或以为”也是解释“范注”，只是杨士勋以为不得“注意”。其他释“范注”的还有庄公二十四年《传》：“夫人，所以崇宗庙也”云云，范注：“言将亲迎，欲为夫人饰，又非正也”之《疏》。僖公四年《经》：“夏，许男新臣卒”，范注：“十四年”云云之《疏》。僖公二十有四年《传》：“天子无出，出，失天下也”，范注：“江熙曰”云云之《疏》。宣公十六年《经》：“成周宣榭灾”，范注：“《尔雅》曰”云云之《疏》。成公九年《经》：“楚人入郓”之《疏》。襄公二十四年《传》：“弛侯，廷道不除”，范注：“弛，废也”云云之《疏》。昭公十一年《传》：“夷狄之君，诱中国之君而杀之，故谨而名之也。称时、称月、称日、称地，谨之也”，范注：“侯般”云云之《疏》。又“或以为”有解“经”“传”文辞者，僖公元年《经》：“楚人伐郑”，《疏》云：“或以为言楚，所以驳郑”。隐公五年《经》：“初献六羽”，《疏》：“或以为‘戎捷’，齐侯尊鲁，故特言献。‘卫宝’，以平等相遗，故言归。”此“或以为”为解庄公三十一年及六年《传》文。桓公三年《传》“送女”之辞与《仪礼》异，《疏》：“或以为传并释礼意”。又此类有庄公十九年《传》：“其不日，数渝，恶之也”之《疏》。庄公二十二年《传》：“四者备”之《疏》。庄公二十三年《传》“春，公至自齐”之《疏》。庄公二十八年《传》：“大无麦、禾。大者，有顾之辞也”之《疏》。僖公二年《传》：“以为诸侯皆来至也”之《疏》。昭公八年《传》：“流旁握”之《疏》。“或以为”有不知为解“经”“传”或解“范注”者。如隐公二年《经》云：“夏，五月，莒人入向”，范注云：“入例时”，《疏》：“或以为书时者无恶，但事自恶耳。”成公元年《传》：“晋郄克眇”，《疏》：“《左传》以为跛。今云眇者，《公羊》无说，未知二传孰是。范明年注云‘郄克跛’者，意从《左传》故也。或以为误，跛当作眇。”则“或以为”不知是直接校正文字错误还是因范注校正。

以上举杨《疏》中“旧说”“一解”与“或以为”三种同于

“旧解”的称法，其数量较多，且与“旧解”一样有不少疏释“范注”的。除此之外，《疏》中还是存在一些其他称法，比如“或解”。隐公五年《经》：“宋人伐郑，围长葛”。范注：“长葛，郑邑。围例时。”《疏》：“或解上文日月者，为公子彄卒。此虽例时，不可去上文日月，其实日月，不为围长葛也。”是“或解”也疏释范注。其他称法不再举例，且有的称法随意，如“或”“或以”等等。

三

关于“旧解”“旧说”“一解”“或以为”以及其他一些类似于“旧解”的称法，通过以上引用的诸多实例，可以明确在杨《疏》中不同称法并没有明显的区分。而杨《疏》中还有更为混乱的，即是在同一段《疏》中，出现两种称法。

有同一则内容前后作两种称法的。如僖公三年《传》：“不言及者，以国与之也。不言其人，亦以国与之也。”《疏》中前引“旧解”，后则说“今从旧说”，是“旧说”便是“旧解”的别称。同于此的还有庄公二十三年《传》：“祭叔来聘”，范注：“祭叔，天子寰内诸侯。叔，名”之《疏》。僖公二十八年《传》：“公子启曰”之《疏》。文公五年《传》文：“而含已晚”之《疏》。宣公三年《传》：“三年，春，王正月，郊牛之口伤。之口，缓辞也，伤自牛作也”之《疏》。

有两种称法并列为两说的。如桓公五年《传》：“任叔之子者，录父以使子也”云云，范注：“君闇劣于上，臣苟进于下，盖参讥之”之《疏》。襄公九年《传》：“不异言郑，善得郑也。不致，耻不能据郑也”。范注：“戏盟还而楚伐郑，故耻不能终有郑”之《疏》。襄公十年《传》：“会，又会，外之也”，范注：“五年会于戚，不殊会，今殊会吴者，复夷狄故”之《疏》，在上文“有引旧解存一说者”中已提到。其余还有僖公五年《传》：“执不言所于地，缊于晋也”，范注：“时虞已包裹属于晋，故虽在虞，执而不书其处”。《疏》中有言“旧解”与“或以为”，两者相异，但同释范说。成公九年《传》：“城中城者，非外民也”，范注：“讥公不务德政，恃城以自固，不德能卫其人民。”《疏》：“旧解以为有难而修城，则不讥之，若文十二年‘季孙行父城诸及郓’是也。此涉《左传》之说”又“或以为‘城诸及防’是十一月，故传发可城之文，今此城是十二月，故发外民之传。虽同是讥，事有优劣，故发传以异之。”案《疏》中“旧解”及“或以为”讨论问题是直释“传”意还是因“范注”而发不能判定，但所释是同一问题。

还有两种称法所释不是同一内容者。如文公二年《传》：“作僖公主，讥其后也。作主坏庙有时日，于练焉坏庙。坏庙之道，易檐可也，改涂可也”，《疏》云：“或以为练而作主之时，则易檐改涂，故此传云于练坏庙，于传文虽顺，旧说不然，故不从之，直记异闻耳。”此段《疏》中有“或以为”与“旧说”。皆为解旧礼制，但稍有差别，“或以为”不同旧制，顺《传》释礼，是解释“传”的。而“旧说”是之后广引何休、麋信、徐邈及《白虎通》诸家礼说，是释礼的。同样的还有文公二年《经》：“八月，丁卯，大事于大庙，跻僖公”，范注：“大事，祫也。时三年之丧未终，而吉祭于大庙，则其讥自明”之《疏》。庄公三十一年《经》：“六月，齐侯来献戎捷”，《传》：“献戎捷，军得曰捷，戎菽也。”范注：“菽，豆。”《疏》：“‘戎菽’也者，旧解谓顺经意而惜齐侯，故传依违其文，释之为菽。其实宋是中国，故捷不系国。戎是夷狄，故系之戎也。”又“一解齐侯此时克山戎，并得胡豆来，故《传》云‘戎菽’，谓克戎之菽，齐侯此时并得戎菽，于文亦僻也。”此段《疏》中“旧解”与“一解”同出。“旧解”为释“范注”者，而“一解”则不知是直解“传”文还是因“注”解“传”的。

这种“混乱”与杨《疏》的体例不严谨及杨士勋并无近代以来科学引用文献的意识有关。但杨士勋的征引，保存了后来学者难以看到的先唐《穀梁传》研究著作佚文。且“旧解”等数量之多，绝非如《四库全书总目》中《春秋穀梁传注疏》的“提要”所说“乏凭藉之资”。进而更可以推定，如果不是有专门疏释“范注”的如“穀梁义疏”一类的著作存在，则难以有如此之多疏释“范注”的“旧解”。且因杨士勋总在称引“旧解”后以自己的意见为“今”解。“旧”与“今”关系是对等的，杨以自己的《疏》为“新疏”，故“旧疏”存在的可能性是极大的。但关于这些分散于杨《疏》中的“旧解”来源于哪些著作，其作者及成书年代，《隋书·经籍志》等目录为何失载，则需要日后发现更多的材料及来哲的进一步研究。

注释：

〔1〕《四库全书总目》中《春秋穀梁传注疏提要》：“其疏长狄眉见于轼一条，连缀于身横九亩句下，与注相离。盖邢昺刊正之时，又多失其原第，亦不尽士勋之旧矣。”是今本杨《疏》与原本有差异。本文中引文不作相关辨别，一以今本为准。

〔2〕案此《疏》中有二“旧解”，“旧解挈犹传也”为释“传”者。

杨士勋为刘炫受业弟子考
——以“先师”词义的历史转变为线索

唐初经学家杨士勋，正史无传，生卒年及生平不详。唐孔颖达《春秋正义序》曾言与“故四门博士杨士勋”等人共参定是书。[1]则杨士勋为唐初贞观时人，且当时具有一定学术地位。他所作的《春秋穀梁传疏》及参与编定的《春秋左传正义》都是春秋学史上最为重要的著作，但今日我们对他所知甚少。关于杨士勋的师承，曾经引起一些学者的注意。《春秋穀梁传疏·庄公二十七年》中有如下一段论述：

> 《论语》称“九合诸侯”者，贯与阳谷二会，管仲不欲，故去之，自外唯九合也。兵车之会四者，洮、咸、牡丘、淮也。不数侵蔡伐楚者，以二者征伐，非会故也。郑玄《释废疾》云：“自柯之明年，葵丘以前，去贯与阳谷，固已九合矣。”则郑意不数北杏，自外与范注同也。不数北杏，所以得九合诸侯者，先师所说不同。或云“去贯与阳谷”，与，犹数也，言数阳谷，故得为九也。或云葵丘会盟异时，故分为二。或取公子结与齐桓、宋公盟为九。故先师刘炫难之云：“贯与阳谷，并非管仲之功，何得去贯而数阳谷也？若以葵丘之盟，盟会异时而数为二，则首戴之会，亦可为二也。离会不数，鄄盟去公子结，则唯有齐、宋二国之会，安得数之？”二三之说，并无凭据，故刘氏数洮会为九。以数洮会为九，兵车之会，又少其一，故刘以传误

解之，当云兵车之会三。”

杨士勋称隋代经学家刘炫为“先师”。有学者据此以为刘炫为杨士勋的老师，但也有学者认为，如果刘炫为杨士勋的老师，则不应直称为“刘氏”或“刘”。这里的先师应是对前代传授《穀梁传》学者的尊称。[2]

虽然杨士勋的生平根据现存文献资料是不可考的，但从时代上其完全有可能受业于刘炫，[3]故考查此问题的关键之处还在于杨士勋对“先师”一词的使用。

“先师”一词在先秦已经出现，如《礼记·文王世子》：“凡学，春，官释奠于其先师，秋冬亦如之。凡始立学者，必释奠于先圣、先师。”[4]《孟子·离娄上》：“今也小国师大国而耻受命焉，是犹弟子而耻受命于先师也。”[5]这些“先师”的词义较为单纯，或指学宫有道德有学问并且已故去的前辈，或泛指老师。

两汉时期，“先师”一词的意义丰富了起来。有称自己或他人去世的老师的，如《汉书·地理志下》：“周成王时，封文、武先师鬻熊之曾孙熊绎于荆蛮，为楚子，居丹阳。”《汉书·眭弘传》：“孟意亦不知其所在，即说曰：‘先师董仲舒有言，虽有继体守文之君，不害圣人之受命。’”有以“先师”为孔子者，如《法言·渊骞》：“夫能正其视听言行者，昔吾先师之所畏也。”[6]《史晨碑》：“臣伏见临璧雍日，祠孔子以大牢，长吏备爵，所以尊先师重教化也。”[7]

而在汉代，“先师”的含义较为常见的是传授某部经典的“前学之师”，如《汉书·刘歆传》中载刘歆《移让太常博士书》：“至孝武皇帝，然后邹、鲁、梁、赵颇有《诗》《礼》《春秋》先师，皆起于建元之间。”《后汉书·贾逵传》载贾逵语云：“至光武皇帝，奋独见之明，兴立《左传》《穀梁》，会二家先师不晓图谶，故令中道而废。”从时间上说，这类“先师”用法的大量出现是在汉武帝建元后。导致此含义的广泛应用，从政治上说是受“独尊儒术”及设立五经博士的影响。而自学术发展来看，则是某部经典“师法”逐步确立的结果。

在西汉，儒家学者从类似于先秦的儒者逐渐转变为经师，经学成为儒学的核心。西汉中后期，“先师”一词已经成为“经学”中的专有名词，且并非要有学术著作，只要传习某一经典，尊师法便可以了。独用“先师”一词，不加解释便可直接解释成为传习某部经典已去世的经师，如《汉书·孔光传》：“后诏曰：‘太师光，圣人之后，先师之子，德行纯淑，道术通明，居四辅职，辅道于帝。’”在这里“先师”是称孔光之父孔霸。孔霸传习《尚书》小夏侯之学，并未见有相关著作。[8]

在东汉，“先师”作为对孔子称呼这一含义有所增多。随着周公地位的提高，往往被尊为“先圣”，孔子则被尊为“先师”。[9]又汉季学风的转变，古学的逐渐兴起，打破了师法与家法的传承。虽有李育等《公羊传》大师尚在，仍无法挽回颓势。桓、灵时期，郑玄在与何休论战后，声名大显，墨守一家的风气被根本改变。十四博士之学，渐被古学与囊括大典的郑学取代。汉末及魏晋时期新的经典注释的出现与其被立为学官，尤其是郑学与王学的代立，是影响“先师”含义的重要原因。《晋书·荀崧传》载其上疏云：“世祖武皇帝应运登禅，崇儒兴学。经始明堂，营建辟雍，告朔班政，乡饮大射。西阁东序，河图秘书禁籍。台省有宗庙太府金墉故事，太学有石经古文先儒典训。贾、马、郑、杜、服、孔、王、何、颜、尹之徒，章句传注众家之学，置博士十九人。”[10]可见在晋初，十四博士之学除《公羊传》家外，都被古学与新注代替。永嘉之乱后，西汉诸学“先师”经典散亡较多，南北朝时期的经学传习虽不同，但大多同尊古学、郑学与新注。《北史·儒林传序》中概括为：“大抵南北所为章句，好尚互有不同。江左，《周易》则王辅嗣，《尚书》

则孔安国，《左传》则杜元凯。河洛，《左传》则服子慎，《尚书》、《周易》则郑康成。《诗》则并主于毛公，《礼》则同遵于郑氏。"[11]而六朝文章中的"先师"，有指孔子，如《晋书·薛兼传》载晋明帝诏："孔子有云：'故虽天子，必有尊也。'朕将祗奉先师之礼，以谘有德。"或指自己的老师，如《南史·庾承先传》："门人黄士龙让曰：'先师平素食不求饱，衣不求轻，凡有赠遗，皆无所受。'"[12]但也有指传习儒家经典者，如《魏书·礼志》：载孙惠蔚上书云："臣又闻先师旧说：童子常服类深衣，衰裳所施，理或取象。但典无成言，故未敢孤断。"[13]孙氏从程玄学《礼经》及"三传"。[14]其说"又闻先师旧说"，不当是程玄之说，否则不必加"旧说"二字，应指前代关于阐明《礼记》及郑注的著作。但在现存六朝文献中，"先师"的这种用法要比汉代文献少得多。

关于"先师"词义，在隋及唐稍有变化。《贞观政要·崇儒篇》："贞观二年，诏停周公为先圣，始立孔子庙堂于国学，稽式旧典，以仲尼为先圣，颜子为先师，两边俎豆干戚之容，始备于兹矣。"称颜回为"先师"还是不多见的，但在传习某部经典为"先师"这一方面，因汉末以降今文大师师法、家法的消亡，古学兴起与个人经注的出现，口传经典的方法被著述取代，"先师"也便成了用书或注书的前代学者。如《贞观政要·崇儒学》载二十一年诏曰："左丘明、卜子夏、公羊高、穀梁赤、伏胜、高堂生、戴圣、毛苌、孔安国、刘向、郑众、杜子春、马融、卢植、郑玄、服虔、何休、王肃、王弼、杜预、范宁等二十有一人，并用其书"云云，可为例证。

再对比唐时诸经《疏》，除《礼记·文王世子》篇中随文解释和与以此经文相关者，孔颖达、贾公彦等对"先师"一词皆非随意使用。如《仪礼·丧服疏》："郑前有马融之等，解为长子五世，郑以义推之，已身继祖与祢，通已三世，即得为长子斩，长子唯四世，不待五世也，此微破先师马融之义也。以融是先师，故不正言，而云不必而已也。”马融著有《丧服经传》，且是郑玄老师。《左传》文公十三年孔《疏》：“故《左传》先师贾、服等皆以为大庙之室也。”贾、服皆注《左传》。《礼记·礼运》孔《疏》：“如郑此言，则解之当云：选用人知者退去其奸诈者，不须用之，为其害民信也；用人之勇者，去其忿怒，不须用之，为其害民命也；用人之仁者，去其贪残，不须用之，为其害民财也。如注之意指当如此。先师既为前解，故备载之，任后哲择焉。”则以“先师”为郑玄以前注该书之人。《礼记·少仪》孔《疏》：“先师马融、干宝等更云今有夕桀各为二篇，未知所出。”此为解《周礼》，除马融曾注《周官》外，干宝确曾注《周礼》，见《晋书》本传。《礼记·月令》孔《疏》：“郑所引农书，先师以为《氾胜之书》也。”则此“先师”为解郑注者。《礼记·杂记上》孔《疏》：“先师解此，凡有三义。按《圣证论》云：‘范宣子之意，以母丧既练，遭降服大功则易衰。以母之既练，衰八升，降服大功，衰七升，故得易之，其余则否。贺玚之意，以三等大功，皆得易三年练衰。其三等大功，衰虽七升、八升、九升之布，有细于三年之练衰，以其新丧之重，故皆易之。’皇氏云：‘或不易。’庾氏之说，唯谓‘降服大功，衰得易三年之练，其余七升、八升、九升之大功，则不得易三年之练’。”案王肃有《礼记注》，皇侃有《礼记义疏》《礼记讲疏》，庾氏有《礼记略讲》，皆见《隋书·经籍志》。可见，除以“先师”为已去世的老师外，这些“先师”应是注解经书与疏解经注者。

据《隋书·经籍志》，刘炫有经学著作《尚书述义》《毛诗谱注》《毛诗集小序注》《毛诗述义》《春秋左传杜预序集解注》《春秋左氏传述义》《古文孝经述义》《论语述义》《五经正名》《春秋规过》等，并无专门解释《穀梁传》的著作。且《隋书·刘炫传》载其自称《穀梁传》用功差少，是刘炫并不精于《穀梁传》，只是在

《规过》等著作中涉及了相关内容。如果杨士勋称其为《穀梁传》先师，并不符合当时"先师"一词的用法，且他的资格还不够被称为《穀梁传》先师。又杨士勋《春秋穀梁传疏》中征引《穀梁传》先师言论颇多，如刘向、徐邈等，皆未称"先师"，为什么独把不精于《穀梁传》的刘炫称为先师。故《疏》中刘炫前的"先师"一词并非指刘炫为《穀梁传》先师。

在杨士勋《春秋穀梁传疏》中只有两处"先师"，并且出现在同一段。文中两处"先师"，第一处确实当作为《穀梁传》先师解，其言"或云或云"，是举列诸家不同。[15]称刘炫为"先师刘炫""刘氏"与"刘"各一次。加在刘炫前的"先师"如果无特殊原因是完全可以去掉的。而称某氏亦非不敬，如刘勰《文心雕龙·原道》："爰自风姓，暨于孔氏，玄圣创典，素王述训，莫不原道心以敷章。"经典中称孔子为"孔"的也有很多，如桓宽《盐铁论·遵道》："孔对三君殊意"，并不可谓不敬。古人讳名不讳姓，杨士勋不得已必要说出老师名字刘炫以区别其他姓刘的学者，才在前加"先师"二字以示敬，与眭弘上书称"先师董仲舒"同理。如此，从这一方面考察，刘炫应为杨士勋老师无误。

注释：

〔1〕［清］阮元等校刻：《十三经注疏》，北京：中华书局，2013 年，第 3692 页。

〔2〕如赵友林：《杨士勋〈春秋穀梁传疏〉考》，《聊城大学学报（社会科学版）》，2009 年第 4 期，第 7 页。

〔3〕杨士勋与刘炫时间上是否有交集是其关系论证中最基础的问题。《唐会要》："贞观十二年，国子祭酒孔颖达撰《五经义疏》一百七十卷，名曰《义赞》，有诏改为《五经正义》。"孔颖达的《春秋正义序》当写于此时，前后可以延伸的时间并不会太长。此时杨士勋已有相当的学术地位，年龄应不会太小。《通典》载汉制，五十始可为博士。但唐之诸多学官，如四门博士并无此制。故杨士勋贞观时年龄大限大约是不能考定的。《隋书·刘焯传》言大业六年刘

焯卒，刘炫为其请谥。是炫罢于大业六年后，于河间冻馁而死。大业六年与贞观十二年相距虽近三十年。但杨士勋受业于刘炫仍是完全有可能的。这点，我们可以从其他刘炫弟子来看。两《唐书》皆载张行成，少受业于刘炫，卒于永徽四年后，年六十七，大业间不过二十余岁。故可见杨士勋为刘炫弟子，从时间上来说是有可能的。

〔4〕案《文王世子》当成篇于战国中期至晚期，详见本师王锷先生：《礼记成书考》，北京：中华书局，2007 年，第 233 – 239 页。又郑玄解释“先师”云：“《周礼》曰：‘凡有道者有德者，使教焉。死则以为乐祖，祭于瞽宗。’此之谓先师之类也。若汉，《礼》有高堂生，《乐》有制氏，《诗》有毛公，《书》有伏生，亿可以为之也。”详见［清］阮元等校刻：《十三经注疏》，北京：中华书局，2013 年，第 3043 – 3044 页。

〔5〕赵岐注云：“今小国以大国为师，学法度焉，而耻受命教，不从其进退，譬犹弟子不从师也。”是直以“先师”为师。详见［清］阮元等校刻：《十三经注疏》，北京：中华书局，2013 年，第 5913 页。

〔6〕李轨注：“所畏，谓言不惭，行不耻，孔子惮焉。”详见［清］汪荣宝：《法言义疏》，北京：中华书局，1987 年，第 491 页。

〔7〕原碑多异体字，如“牢”从穴从牛，等等。详见《史晨前后碑》，上海：上海辞书出版社，2011 年，第 12 – 13 页。

〔8〕孔霸著作，不见于《汉书·艺文志》。但《汉书·儒林传》则著明《尚书》“大夏侯之学”有“孔、许之学”。这类情况很多，如华峤《汉后书》亦言桓郁为“先师”子，先师指桓荣。荣传欧阳《尚书》学，曾为博士，亦未闻有著作。是“先师”一词在当时，似乎并没有是否曾为博士或是否有著作等标准，只是传习某家之学而已。

〔9〕《后汉书·礼仪志》：“明帝永平二年三月，上始帅群臣躬养三老、五更于辟雍。行大射之礼。郡、县、道行乡饮酒于学校，皆祀圣师周公、孔子，牲以犬。”《晋书·礼志》中作：“郡国县道行乡饮酒于学校，皆祠先圣先师周公，孔子，牲以太牢。”

〔10〕［唐］房玄龄等：《晋书》卷 75《传第四十五·荀崧传》，北京：中华书局，2003 年，第 1977 页。

〔11〕［唐］李延寿：《北史》卷 81《列传第六十九·儒林上》，北京：中华书局，2003 年，第 2709 页。

〔12〕庾承先精通“玄经释典”与“九流《七略》”，并非某部儒家经典。

〔13〕案该句前言："童子无缌服。郑注曰：'虽不服缌，犹免深衣。'是许其有裳，但不殊上下。又深衣之制，长幼俱服。童子为服之缌，犹免深衣，况居有服之斩，而反无裳乎？"即是《礼记·玉藻》云："童子不裘不帛，不屦絇，无缌服，听事不麻。"郑注云："皆为幼少，不备礼也。虽不服缌，犹免，深衣无麻，往给事也。裘、帛温，伤壮气也。絇，屦头饰也。"前则分析郑注，而此句言"又闻先师旧说"云云，则可知所指先师旧说，并非郑玄注。

〔14〕程玄，正史无传。《魏书·刘献之传》言刘曾受业于渤海程玄。《张普惠传》言其还乡里就程玄讲习。张是常山九门人。渤海、常山为两郡，则程或渤海郡人，而居于常山。《张普惠传》言其随程讲习，精"三礼"而兼《春秋》。《孙惠蔚传》云："（孙）十九，师程玄读《礼经》及《春秋》三传。"则程是传习"三礼"及"三传"的学者。

〔15〕第一处先师分别是何人，或不可考。后称"先师刘炫难之云"，则诸家皆在隋前。考《隋书·经籍志》，尚有唐固、麋信、程阐、孔衍、徐邈等几家注释。《春秋穀梁传序》疏中亦云："魏晋已来注《穀梁》者，有尹更始、唐固、麋信、孔演、江熙、程阐、徐仙民、徐乾、刘瑶、胡讷之等。"只是稍有不严谨处，如尹更始为汉人，不得言魏晋以来。又他人直称名字，徐邈称字，不知何故。

杨士勋《春秋穀梁传疏》“重发传”说研究

《穀梁传》与《公羊传》相同，主要是以分析《春秋》“辞例”阐释经义的著作。《穀梁传》对经文某“例”有所解释，按杨士勋《春秋穀梁传疏》[1]，称为“发传”。而在传文前后“发传”内容相同或意义相同者，称为“重发传”。[2]杨士勋非常重视“重发传”，他以为《传》的重发大多具有意义。根据当时能见到的范宁《春秋穀梁传集解》及其他文本，杨氏在《疏》文中尽力找出这些《传》文重发的原因。

考虑杨士勋《春秋穀梁传疏》的“重发传”说，可以提出三个方面的问题：（1）杨士勋确立的“重发传”概念是否符合《穀梁传》文本的实际情况？（2）他采用何种处理方式，又是否得当？（3）“重发传”说的阐释思路，在汉唐经学史中受到了怎样的影响，是否具有一定的经学诠释意义？

以上问题关涉到我们对《穀梁传》文本的认识，并有助于了解隋唐之际学者经学阐释的方法及其优点与弊端。同时，可以加深对杨士勋这位重要而又事迹不显的学者的一点认识。下文，拟在详细举证的基础上，初探这三个问题。

一

“时月日例”为《穀梁传》解经最有特色之处，在《传》文中数量可观。“时例”与“月例”各有二三十则，“日例”有将近百则。在这一百多则“时月日例”中，“重发传”的数量很多。

> 襄公六年《经》：“（秋）莒人灭缯。”《传》：“非灭也。中国日，卑国月，夷狄时。缯，中国也，而时，非灭也。家有既亡，国有既灭。灭而不自知，由别之而不别也。莒人灭缯，非灭也。非立异姓以莅祭祀，灭亡之道也。”杨《疏》：“重发传者，非兵灭，故重明之，由别之不别也。言缯所以灭者，立嗣须分别同姓，而缯不别也。旧解云‘别犹识也’。言缯君唯识知国须立后，不能分别异姓之不得。”

此则“重发传”，指灭国“中国日，卑国月，夷狄时”。前有宣公十五年《经》：“六月，癸卯，晋师灭赤狄潞氏，以潞子婴儿归。”《传》云：“灭国有三术，中国谨日，卑国月，夷狄不日。其日潞子婴儿，贤也。”对比“首发”“重发”两则，以《传》文对阅读者的提示来看，之所以“重发传”，缯为中国反而书“时”，赤狄潞氏为夷狄反而书“日”，是两处《经》文都与“正例”（中国日，卑国月，夷狄时）矛盾。而杨《疏》所谓“重发传者，非兵灭”云云，则是指示两则《经》文背景事实的差异，即赤狄潞氏为兵所灭，而缯本非被灭。

“重发传”是因“与正例矛盾”还是“背景有差异”，首先应明确的是《传》文阐释对象。“中国日，卑国月，夷狄时”的发传，旨在说明“灭国”的“时月日”正例，从而表明此处《经》文的“反常”。即缯“灭”当“日”而未“日”；赤狄潞氏则不当“日”而“日”。与之并列的，针对这一“反常”的解释为“非灭也”。“中国日，卑国月，夷狄时”与“非灭也”两者都对《经》文“时月日例”负责，“重发传”部分与“非灭也”之间并不像杨士勋解释的，构成因果或阐释关系。如果省去重发的部分，直述“缯，中国也，而时，非灭也"，阅读者据宣公《传》文理解也并无障碍。此处的"重发传"完全可视为使《传》文语义更加明晰的叙述环节。

隐公五年《经》："（九月）螟。"《传》："虫灾也。甚则月，不甚则时。"

桓公五年《经》："（秋）螽。"《传》："螽，虫灾也。甚则月，不甚则时。"

僖公十五年《经》："八月，螽。"《传》："螽，虫灾也。甚则月，不甚则时。"

上引虫灾"甚则月，不甚则时"传文凡三则，桓公五年及僖公十五年皆属"重发传"。桓公五年的"不甚"与僖公十五年的"甚"，从隐公五年传文便可直接推知，这样的"重发传"可以说无特殊旨意。杨士勋于桓公五年《疏》称："重发传者，《经》书时雩非正，故不月。螽灾与之同不月，嫌其甚而不月，故发以明之。"杨士勋以为"雩" "螽"两则《经》文相连，怕人误解"螽"与"雩"在同月，虽然虫灾"甚"但"雩"不当书月，虫灾也随着"雩"不书月了。

案《穀梁传》例，某事当书月而与上面不当书月的一事同月，便在上面一事书月。如桓公十一年"宋人执祭仲"书"九月"，便是为下文"折之盟"。但像杨氏在这则《疏》文中所说的情况，似乎没有《穀梁传》解说《经》文的例证。即便有这种情况，在这里重发"甚则月，不甚则时"也并不能清晰表达出杨《疏》所说"螽灾与之同不月"的含义，以至变为"叙述不清"毫无意义的"重发传"，甚至造成理解的混乱。而僖公十五年的"重发传"，杨士勋则不能给出任何解释了。

上举两例大致可见杨士勋对《穀梁传》中“重发传”的错误认识与两种不同的错误方法。类似的错误在《春秋穀梁传疏》中并非是偶然一见的，即便是在“时月日例”一项的“重发传”中也十分普遍。案，“时月日例”重发最多者为“卒、葬例”，即以此证明这种“普遍”。

先看“大夫卒”的“时月日例”：

> 隐公元年《经》：“（十二月）公子益师卒。”《传》：“大夫日卒，正也。不日卒，恶也。”
>
> 僖公十六年《经》：“三月，壬申，公子季友卒。”《传》：“大夫日卒，正也。称公弟叔仲，贤也。大夫不言公子公孙，疏之也。”
>
> 僖公十六年《经》：“秋，七月，甲子，公孙兹卒。”《传》：“大夫日卒，正也。”
>
> 成公十六年《经》：“（十二月）乙酉，刺公子偃。”《传》：“大夫日卒，正也。先刺后名，杀无罪也。”

以上四则皆有“大夫日卒，正也”的《传》文。隐公元年为首发，其余皆为“重发传”。“刺公子偃”的重发有一定必要，因为《经》文与另外三则直观看是有所不同的。对于另外三则，杨士勋只于“公子季友卒”的《疏》中谈到“重发传”理由：“传发之者，益师明其有罪。此则显其得正，故两明之也。”《经》文为“日卒”便是“显其得正”，而杨士勋以为“重发传”是两则在对比中显示意义，从而起到强调两者的“正”或“不正”的作用。然而“公孙兹卒”为何又“重发传”？如果说再次“显其得正”，那么这种两者对比强调的说法难以成立。杨士勋明显是为了附会“重发传”说而强解。

再看诸侯卒的“时月日例”：

隐公三年《经》：“八月，庚辰，宋公和卒。”《传》：“诸侯日卒，正也。”

隐公八年《经》：“夏，六月，己亥，蔡侯考父卒。”《传》：“诸侯日卒，正也。”

庄公元年《经》：“冬，十月，乙亥，陈侯林卒。”《传》：“诸侯日卒，正也。”

上引三则，为“诸侯日卒，正也”重发例。杨士勋于隐公八年《疏》称：“重发之者，宋公起例之始，蔡侯嫌爵异，故重发以明之。举此二者，足以包宿男，故宿男不复发传也。”庄公元年《疏》称：“重发之者，此共‘锡命’相连，恐日月之为‘锡命’而录，故传明之。”两说皆属附会：举宋公、蔡侯能包宿男，那么为什么举宋公不可包蔡侯？郑伯、邾子等卒为何不“重发传”？书“月日”怕误作下文“锡命”，《春秋》有月日事后接无月日的《经》文极多，为何不都加以说明？何况桓公十二年《经》：“（十一月）丙戌，公会郑伯盟于武父。丙戌，卫侯晋卒。”《传》：“再称日，决日义也。”是《穀梁传》以为《春秋》同日发生的两事，会在两事前都书“日”，以避免误解。

再看诸侯葬的“时月日例”：

隐公五年《经》：“夏，四月，葬卫桓公。”《传》：“月葬，故也。”

隐公八年《经》：“八月，葬蔡宣公。”《传》：“月葬，故也。”

庄公三年《经》：“夏，四月，葬宋庄公。”《传》：“月葬，故也。”

隐公三年《经》：“（十二月）癸未，葬宋缪公。”《传》：“日葬，故也，危不得葬也。”

僖公三十三年《经》：“（四月）癸巳，葬晋文公。”《传》：“日葬，危不得葬也。”

上引五则，前三则为诸侯“月葬，故也”，隐公八年及庄公三年为“重发传”，杨士勋并无解释。僖公三十三年重发“日葬，危不得葬也”，杨士勋亦无说。可见《传》文重发有时较随意，以至于杨士勋也难以解释。

二

杨士勋在“时月日例”的“重发传”阐释上，还有许多相似错误的例子。以下再补充举证数则其他的“例”，进一步证明《穀梁传》“重发传”多随意，杨士勋附会、弥合错误的普遍。

首先看“名例”的“重发传”[3]：

桓公元年《经》：“秋，大水。”《传》：“高下有水灾曰大水。”

庄公七年《经》：“秋，大水。”《传》：“高下有水灾曰大水。”杨《疏》：“复发传者，嫌大水无麦、苗，异于常，故重发之。”

庄公十一年《经》：“秋，宋大水。”《传》：“外灾不书，此何以书？王者之后也。高下有水灾曰大水。”杨《疏》：“重发传者，嫌外灾与内异也。”

庄公二十五年《经》：“秋，大水。鼓用牲于社于门。”《传》：

“高下有水灾曰大水。既戒鼓而骇众，用牲可以已矣。救日以鼓兵，救水以鼓众。”杨《疏》：“重发之者，此有用牲之失，嫌异常水，故更发之。”

“高下有水灾曰大水”，本可以视为《穀梁传》对《经》文的一则训诂，并不负责《经》的某些“微言大义”。案《春秋》的“大水”是对反常自然现象的记录。《穀梁传》对“大水”的解释，始终是“高下有水灾”。《经》文书“有年”“大有年”，都是非常的丰收之年，而书不书“大”表示丰收程度不同。但书“水”“大水”或“冰”“无冰”则不同。[4]江河常有水，而“大水”非常；冬日寒时当结冰，而“无冰”非常。故《春秋》不书“水”“冰”等常事，“大水”是固定的对“非常”事件的称法，故而《传》文可视作训诂。但杨士勋将其视为“例”。为此，杨士勋给三则“重发传”找出理由。

“大水”是高下都有水，通俗一点说就是江河水溢出河道而上堤岸。溢出多或少都称为“大水”，并无《经》《传》文字表明“大水”与灾害、国别有关。难道无麦苗就不称作“大水”？外国的大水也不称作“大水”吗？同样，用牲与否是礼制不同，都与“大水”之名义无关，[5]而杨士勋皆强行牵合。这可以说是杨氏在阐释“重发传”中最为不经的一例。

再看“辞例”的“重发传”[6]：

桓公八年《经》：“祭公来，遂逆王后于纪。”《传》：“遂，继事之辞也。其曰遂逆王后，故略之也。”范《注》：“以其遂逆无礼，故不书逆女而曰王后。略谓不以礼称之。”杨《疏》：“依范氏《略例》，凡有十九‘遂’事，《传》亦有释之者，亦有不释者，此是例之首。又天子大夫嫌与诸侯臣异，故发‘继事之辞’。庄十九年公子结言‘遂’。《传》云‘以轻事遂乎国重’，‘辟要盟也’。理在可知，故省文也。僖二十八年‘诸侯遂围许’，会温已讫，中间有事，必恐不相继，故发传以明之。曹伯襄‘遂会诸侯围许’，恐彼释而‘遂’与常例异，故重发之。僖四年‘遂伐楚’，恐华戎异，故重发以同之。宣元年‘楚子、郑人侵陈，遂侵宋’，嫌尊卑异，故亦发之。宣十八年归父‘遂奔齐’，嫌出奔不得同于继事，故发之。襄十二年季孙宿‘遂入郓’，嫌不受命，与常例不同，故发之。自余不发者，并可知故也。”

杨士勋称范宁《略例》有十九“遂事”，其中合僖公二十八年冬两“遂事”为一，其实经文共二十“遂”。又不“发传”者有七处，[7]发传者除杨士勋述范宁《略例》中数则，[8]尚有：

僖公十五年《经》：“三月，公会齐侯、宋公、陈侯、卫侯、郑伯、许男、曹伯盟于牡丘。遂次于匡。”《传》：“遂，继事也。”

文公七年《经》：“七年，春，公伐邾。三月，甲戌，取须句。遂城郚。”《传》：“遂，继事也。”

襄公十年《经》：“夏，五月，甲午。遂灭傅阳。”《传》：“遂，直遂也。其曰遂何？不以中国从夷狄也。”

昭公四年《经》：“秋，七月，楚子、蔡侯、陈侯、许男、顿子、胡子、沈子、淮夷伐吴。执齐庆封杀之。遂灭厉。”《传》：“遂，继事也。”[9]

如上，“遂”大多为“继事之辞”。都是某两事前后连续发生，以“遂”连接。“遂”虽是《经》辞，但并不承担过多的褒贬。以

“遂”见义的，如襄公十年“不以中国从夷狄”，这是特例，其余皆如《传》文所说是“直遂”。而杨士勋同样将这种训诂式的《传》文当作了“例”，采取的办法也是找出《经》文背后史实的差异。没有“重发传”的，杨士勋则含混敷衍：“自余不发者，并可知故也。”[10]

再看“礼例”的“重发传”[11]：

> 庄公二年《经》：“冬，十有二月，夫人姜氏会齐侯于禚。”《传》：“妇人既嫁不踰竟，踰竟非正也。妇人不言会，言会非正也。飨，甚矣。”
>
> 庄公五年《经》：“夏，夫人姜氏如齐师。”《传》：“师而曰如，众也。妇人既嫁不踰竟，踰竟非礼也。”杨《疏》：“复发传者，嫌师与国异也。”
>
> 庄公十五年《经》：“夏，夫人姜氏如齐。”《传》：“妇人既嫁不踰竟，踰竟非礼也。”杨《疏》：“重发之者，此非淫，恐异，故发传同之。”
>
> 庄公十九年《经》：“（秋）夫人姜氏如莒。”《传》：“妇人既嫁不踰竟，踰竟非正也。”杨《疏》：“重发传者，嫌此适异国恐别，故发传以同之。”
>
> 庄公二十年《经》：“二十年，春，王二月，夫人姜氏如莒。”《传》：“妇人既嫁不踰竟，踰竟非正也。”杨《疏》：“重发传者，比再如莒，失礼之甚，故详之。”

《传》称“妇人既嫁不踰竟，踰竟非正也”，这是“礼”上的通例。凡妇人已嫁而“踰竟”便是非礼、非正，无论是去师或去国，淫与非淫。简逸光先生认为这只是文义上的加强效果，“使得‘妇人既嫁不踰竟’这项规定凸显出来，同时也强调文姜的不断出境”。[12]

虽也有猜测成分，但比杨说四则解释更近实际。[13]杨的方法与上文诸例相近，错误的以史实背景差异解说，这里不再分析。

三

以上就杨士勛误解《穀梁传》中的“重发传”问题，在详论“时月日例”之后，又各举“名例”“辞例”及“礼例”补证。进一步可以明确的是，《穀梁传》所谓的“重发传”有很多地方比较随意，杨士勛认为“重发传”多有目的的观点是错误的，并初步探讨了杨士勛在阐释方法上的错误。

那么，《穀梁传》中是否存在创作者或写定者有意识、有目的的“重发传”？上文曾谈到“中国日，卑国月，夷狄时”的重发和“妇人既嫁不踰竟，踰竟非正也”两例，认为这样的“重发传”可能为行文叙述方便，或凸显一些内容，“重发传”至少在语言表达上有一定意义。但严谨来看，暂应归为无特别意识的一类。

值得注意的是，“例”的诠释对象有所差别。上文谈到的“名例”“辞例”及“时月日例”，专为解释《经》文字词，“礼例”则具体解释礼制，它们都针对直观的《经》文或固定的现象。与这些不同性质的，有解释《经》文较难反映出的具体历史事件者，可称为“事例”。众所周知，《穀梁传》与《公羊传》不以“以事解经”见长，但《春秋》的体例毕竟是编年的“史”，而褒贬往往和历史事实是相关的。《传》文中不乏有简要史事的“重发传”。

庄公十四年《经》：“冬，单伯会齐侯、宋公、卫侯、郑伯于鄄。”《传》：“复同会也。”

庄公十五年《经》：“十有五年，春，齐侯、宋公、陈侯、卫侯、郑伯会于鄄。”《传》：“复同会也。”

这两则“复同会”，案范宁的说法是“诸侯欲推桓以为伯，故复同会于此以谋之”。不论范说正确与否，《传》文一定是在讲述《经》文背景史事，即是这两次会议的主题与前一次相同。

这样的“重发传”不同于“时月日例”等情况，因为事件是无固定性、统一性的。以“会”为例，不同于有些例的“有罪”“无罪”或“常”“非常”两种可能，会议的主题有多种。虽在同一地点，庄公十四年鄄之会商讨的，未必同于十五年会。如此，因时间或地点的迁变，即便会议内容相同，不“重发传”说明也不能从《经》文上反映清楚。当涉及一些关键信息，如推戴齐桓公为“伯”一事，《传》文重发便有了意义。故而这种“重发传”是有必要且是《穀梁传》作者或书写者有意识的交待。

前文谈到杨士勋在误解“时月日例”等的“重发传”时，总以《经》文背后的史实不同为依据。在这一例，《传》的确是“以事解经”了，只要明晰“事例”与其他“例”性质的差异，就不难解释这里的“重发传”。但庄公十五年杨士勋《疏》云：“重发传者，诸侯至此，方信齐桓，故更发之也。”“复同会也”表明庄公十五年的鄄之会还是要推戴齐桓公，若是“方信齐桓”，为何发传“复同会”，而不是“诸侯方信齐桓”？且从“复同会”，又如何能看出“诸侯方信齐桓”。可见，在能依据《经》文史实直接解释“重发传”时，杨士勋的解经逻辑又出现了问题，将不同的“复同会”编造成齐桓公为“伯”进程中的不同阶段事件，再次以史实差异来解释“重发传”[14]。

但杨士勋关于“重发传”的解说也有值得参考之处：

文公元年《经》：“元年，春，王正月，公即位。”《传》：“继正即位，正也。”

襄公元年《经》：“元年，春，王正月，公即位。”《传》：

"继正即位，正也。"杨士勋《疏》："襄是定姒之子，嫌非正，故重明之。"

昭公元年《经》："元年，春，王正月，公即位。"《传》："继正即位，正也。"杨士勋《疏》："重发传者，嫌继子野非正，故明之。"

"即位"是君之大事，《公羊传》《穀梁传》对此解释，均认为有极严格的"书法"。如《穀梁传》说，若想书"元年，春，王正月，公即位"，则必须满足若干条件：比如先君正常死亡并按时得葬，即位者是最为合法的继承人等，并且还要考虑即位者自己的意图。

"继正即位"除以上三位鲁国国君外还有成公及哀公，这二公并没有"重发传"，《穀梁传》的创作或书写者的意旨不明。但就杨士勋说来看，文公为第一个自己身份行为无差错且在先君正常寿终得葬条件下的即位者。而襄公为妾生，[15]昭公也非嫡子。这些缘由，确实让襄公与昭公看起来不似"继正"，故而"重发传"。成公、哀公则不存在这些可疑之处，故而不需"重发传"，杨士勋《疏》所解释的可以成立。

庄公三十二年《经》："冬，十月，乙未，子般卒。"《传》："子卒日，正也。不日，故也。有所见则日。"

襄公三十一年《经》："秋，九月，癸巳，子野卒。"《传》："子卒日，正也。"

上引两则重发的《传》文有所差异，庄公在前，但《传》文更详。襄公三十一年重发"子卒日，正也"，杨士勋《疏》云："未踰年之君，弑死不日。文十八年'子卒'是也。庄三十二年'子般卒’书日者，以有所见故也。今子野正卒书日，嫌与子般同，故传发之以明昭公之继正也。”其意以为子般被杀，而子野为正卒，故“再发传”。是子般为“有所见”，子野为正例。案子般被弑，《经》无明文，《传》以为“讳莫如深”，只言庆父奔，故从《经》确实难以判别子般、子野卒的异同。此处《传》重发则有所指向，使人能够辨别。算《穀梁传》创作或书写者有意识的一例，[16]且杨士勋的解释也较合理。

> 桓公十一年《经》：“（秋）柔会宋公、陈侯、蔡叔，盟于折。”《传》：“柔者何？吾大夫之未命者也。”杨《疏》：“重发传者，隐不成为君，不爵大夫，故侠卒不氏。今桓成为君，而有不命大夫，嫌有罪则故明之。”

此则杨疏解说也较为合理，如“翚”参与弑君而有罪，在隐公时不称大夫。故当“发传”区别各种单称名的大夫，否则难以判别是“有罪”还是“未命”。与该例相似的在《经》文中相同字词有两种或多种意思的情况有很多，杨士勋对这种情况的认识并不都如这一例清晰。

> 庄公二十三年《经》：“（夏）萧叔朝公。”《传》：“微国之君，未爵命者。”杨《疏》：“书名者，附庸常例。仪父称字，传言‘贵之’。此《传》直云‘微国’，不言贵之，则‘叔’名也。重发传者，嫌名字异故也。”

庄公二十三年《经》：“（春）祭叔来聘。”“祭叔”为天子内臣，从《经》文上看，“萧叔”这个称呼与“祭叔”很相似。则“重发传”的意义更应是表明“萧叔”是什么爵位，为什么这样称呼，以同“祭叔”作区别。并非是杨士勋所说的与“邾仪父”作比。

> 哀公十三年《经》：“十有三年，春，郑罕达帅师，取宋师于嵒。”《传》：“取，易辞也。以师而易取，宋病矣。”杨《疏》：“上九年宋皇瑗取郑师，今郑罕达取宋师，其事正反，嫌宋为人所报，非宋之病，故重发以同之。”

“取，易辞也”，《传》凡四见。[17]但取并非皆“易辞”，比如正常的“取地”。如宣公元年“齐人取济西田”，是隐讳的书法，虽表示齐轻易地取得了“济西田”，但实际为鲁国“赂齐”。但取地中也有“易辞”，如昭公二十五年的“齐侯取郓”，虽然有“为公取之”的特别含义，但是通过“易”呈现的。可见“取”的意义在《经》文中是多样的，有特殊意义时则需加以区别。[18]杨士勋的解释仅针对哀公九年的“宋皇瑗帅师取郑师于雍丘”，从事件前后分析似乎有些道理，但仅仅关照到一件事，而忽略了整体《经》文中“取”的差异，也是欠妥的做法。

四

以上分三节就杨士勋“重发传”的误说与确有必要的“重发传”进行详细的举证与研讨，从而有了解决上文提及的三个问题的基础。

（1）杨士勋确立的“重发传”概念是否符合《穀梁传》文本的实际情况？综观上文所举误例，可以明晰《穀梁传》虽然确有一些有必要的“重发传”，但也多有不经意处。而其中有意义者，比如为了叙述通顺，也未必为文本的创作者有意识的书写。且还要注意到，《春秋》的《经》文极其简单，有一些地方难以说清楚。

庄公九年《经》：“九年，春，齐人杀无知。”《传》：“无知之挈，失嫌也。”杨《疏》：“重发之者，月与不月，地与不地之异，故重发之。”

杨士勋《疏》称“月与不月，地与不地之异”是与隐公四年的“祝吁之挈”对比。[19]这种说法比较牵强，“挈”“嫌”与否，关系弑君，不在“月”与“地”。而此则“重发传”关键，关照整体《经》文，更该注意襄公三十年《经》：“（秋）郑人杀良霄。”《传》：“不言大夫，恶之也。”良霄不言大夫，亦可以算作“挈”。可祝吁、无知有弑君《经》文，良霄无，则良霄本无“嫌”。这里便难以判断，“无知之挈”的“重发传”是无意识的，还是怕与“良霄之挈”相混。不能肯定或否定两种可能中的一种，只有《穀梁传》文本的创作或书写者自明。作为后来的诠释者，在无新材料出现前难以解决该问题。

又上文曾谈及为叙述方便而“重发传”的例子，除上文出现在直述中的，还有“重发传”在“发问”中的情况，同样只能算作发问过程。

成公二年《经》：“六月，癸酉，季孙行父、臧孙许、叔孙侨如、公孙婴齐帅师，会晋郤克、卫孙良夫、曹公子手，及齐侯战于鞌，齐师败绩。”《传》：“曹无大夫，其曰公子，何也？以吾之四大夫在焉，举其贵者也。”杨《疏》：“复发传者，前为崇羁，今为战，故重发之。《公羊》以为‘公子手何以书？忧内也’，杜解《左传》以为‘备于礼’，并非《穀梁》意。”

杨士勋以为“曹无大夫”算作“重发传”，但这里只是作为发问的前提，是为叙述更为通顺的发问中必要的环节，否则使人不明白直接说“其曰公子，何也”一句的具体意旨。故而，这里的“重发传”其实并不能算作是杨士勋所定义的“重发传”。[20]

综上，《穀梁传》的作者或书写者并没有确立“重发传”这一概念。虽有一些确有必要、确有意识的“重发传”，但还存在大量的以叙述清晰为目的或随意重发的现象。杨士勋确立的“重发传”概念并不符合《穀梁传》文本的实际情况。因此他认为《穀梁传》的“重发传”多具有意义，并且刻意回护，必然会产生不少的错误。

（2）杨士勋采用何种处理方式，又是否得当？该问题在上文具体举证中给出过初步的回答。总结上文的举证，杨士勋处理“重发传”惯用的方式有二：一是找出“首发传”与“重发传”《经》文背景史实差异或当事人身份的差异，如上文所举“中国日，卑国月，夷狄时”一例较为典型。二是如果“首发传”与“重发传”并无人、事差异时，则采取混淆相连《经》文“时月日”的方式，如上文所举“虫灾也。甚则月，不甚则时”。

杨士勋方法不得当，错误在于他往往误判某种“例”的性质，并且阐释逻辑混乱：首先，他并不明晰《传》文与《经》文的关系，也不明晰前后《传》文的关系。如上文举列的“中国日，卑国月，夷狄时”一例中，杨士勋不解“重发传”是阐释“正例”与《经》文内容的矛盾，而是将“重发传”与事实联系起来，并且误将“重发传”与《传》文“非灾也”共同解释《经》文的作用误判为阐释与被阐释关系。第二，杨士勋同样不明晰《传》文述史事与《经》文的关系，他不仅大量地用“以事解经”误解“重发传”，还如“复同会”一例，不解“事例”与其他“例”性质的差异，将“重发传”简要说明史事的目的，错解为同一件事历史进程的差异。第三，杨士勋不能正确厘清“重发传”的范围，将在发问中的《传》文重复与一些训诂内容划入到“重发传”范围中。如成公二年发问中重发的“曹无大夫”与“高下有水灾曰大水”两例。

可以说，《穀梁传》文本并不整齐、精密，有一些赘词及语焉不详之处。如果要回护这样一个文本，必然会出现像杨士勋对待“重发传”的错误。

（3）那么杨士勋“固执”地创制“重发传”说，在汉唐经学史中，他的阐释思路受到了怎样的影响，“重发传”说是否具有一定的经学诠释意义？

首先需要说明的是，《穀梁传》研究积淀的不足。《隋书·经籍志》《旧唐书·经籍志》及《新唐书·艺文志》对前代《穀梁传》述注书籍著录出入无多，除范宁《集解》外有麋信、徐邈几家。但从影响来看，似乎没有像何休《公羊解诂》与杜预《左传集解》这样影响深远的高水平的著作。就算是范宁一家之学，在杨士勋为《集解》所作《疏》前也仅仅有一些未得到著录且水平不高、传播不广的“旧疏”。可见当时穀梁学水平远低于《左传》《公羊传》，文本中许多问题更需要杨士勋个人探索，且中国古代逻辑学的不发达，也并不能使他具备较为清晰的阐释逻辑，导致其误解“重发传”往往是因为逻辑不清。

第二，杨士勋在穀梁学上水平欠缺。杨士勋是隋代经学大师刘炫的弟子，据《隋书·刘炫传》中刘炫自称《周礼》《礼记》《毛诗》《尚书》《公羊传》《左传》《孝经》《论语》，孔、郑、王、何、服、杜等注，十三家都可以讲授，《周易》《仪礼》《穀梁传》用功较少。可知杨士勋从刘炫处学到的穀梁学并不精深。杨士勋本人擅长《左传》，参与了《左传正义》的纂修。上文举证诸例，杨士勋往往是以《经》文背景史实解《传》，或许就是受《左传》“以事解经”的影响，但同时可以看出，杨士勋对《穀梁传》性质与特征的理解并不深刻。

第三，杨士勋受以一家之学为宗，“疏不破注”的学风影响。在崇信经学的经师眼中，《经》是完美包被，无虚言妄发的。这样的传统从汉代一直延续到唐初，渐渐从一种经典的崇信转向一种注释的墨守。杨士勋认为“重发传”一定不是虚发的，便是受这种学风的影响而回护《穀梁传》文。又“重发传”是杨士勋设置的新概念，可以算作对文本的一种过度诠释。在汉唐时期，过度的诠释以发明、建立新的解经模式是普遍的方法。从今日的视野回顾，这也是经学发展、演进最为正确有效的途径。如何休墨守公羊义，创制了独树一帜的“三科九旨”等思想。虽然与《公羊传》本义有所差异，但今天看来，这是对公羊学的成功发展与对中国古代思想史的巨大贡献。事实也证明何氏学影响深远，直至清末民初还对中国思想、文化有所作用，并促使社会的变革。但这种有益的工作必须建立在不违背基本逻辑和对经义有积极的发明之上。虽然杨士勋也是墨守一家学，并且依据文本创制新的概念，却显然不符合这两点。可以说，杨士勋的《春秋穀梁传疏》“重发传”说在经学诠释上意义与价值值得商榷。

注释：

〔1〕《新唐书·艺文志》等著录杨士勋《穀梁疏》十二卷，今存宋刻单疏本的钞本作《春秋穀梁疏》（详见张丽娟：《宋代经书注疏刊刻研究》，北京：北京大学出版社，2013 年，第 249－252 页），皆无“传”字。但《旧唐书·经籍志》著录为《春秋穀梁传疏》，杨士勋为题名“春秋穀梁传隐公第一”作疏，对“传”字有所解释。又杨士勋释范宁《春秋穀梁传序》题名，以为俗本无“春秋”二字而作“穀梁传序”，非。并依据范宁序末作“春秋穀梁传集解”而定题名为《春秋穀梁传序》。故据《旧唐书》著录及杨《疏》与杨氏对题名审慎态度推测，原本或有“传”字，作《春秋穀梁传疏》。本文采用《春秋穀梁传疏》这一称法。

〔2〕在杨士勋《春秋穀梁传疏》中，尚有“再发传”“复发传”等称法，“重发传”并非定名。本文统称为“重发传”。

〔3〕“名例”这里权指《穀梁传》对《经》文上名义一类词语的诠释。

〔4〕成公十六年“雨木冰”志异，且也非只书“冰”。

〔5〕其余解释“名例”重发，杨《疏》有误解者如，隐公九年《经》：“冬，公会齐侯于防。”《传》：“会者，外为主焉尔。”《疏》：“重发传者，嫌华戎异故也。”桓公十四年《经》：“夏，五，郑伯使其弟御来盟。”《传》：“诸侯之尊，弟兄不得以属通。”《疏》：“重发不以属通例者，前‘弟年来聘’，今‘御来盟’，嫌不同，故重发之。”僖公三十年《经》：“冬，天王使宰周公来聘。”《传》：“天子之宰，通于四海。”《疏》：“复发传者，葵丘会也，此则聘也，嫌异，故重发之。”文公元年《经》：“夏，四月，丁巳，葬我君僖公。”《传》：“薨称公，举上也。”《疏》：“重发传者，桓不以礼终，僖则好卒，二者既异，故《传》详之。”文公八年《经》：“（冬）宋司城来奔。司城，官也。其以官称，无君之辞也。”《传》：“来奔者不言出，举其接我也。”《疏》：“重发传者，嫌奔杀异也。来奔不言出，发传于此者，以是来奔之始，故发之。子哀不发者，从此例可知。”文公十五年《经》：“秋，齐人侵我西鄙。”《传》：“其曰鄙，远之也。”《疏》：“重发传者，以庄十九年三国‘伐我’，今齐人独来，嫌异，故重明之。”襄公二十五年《经》：“十有二月，吴子谒伐楚，门于巢，卒。”《传》：“诸侯不生名，取卒之名加之伐楚之上者，见以伐楚卒也。”《疏》：“重发传者，与失国生名异故也。”襄公三十年《经》：“（秋）郑人杀良霄。”《传》：“不言大夫，恶之也。”《疏》：“襄二十一年‘晋人杀栾盈’，《传》曰：‘恶之，弗有也’。彼云不有，则此亦然也。重发传者，嫌与复入异故也。”昭公三年《经》：“（冬）北燕伯款出奔齐。”《传》：“其曰北燕，从史文也。”《疏》：“重发传者，前高止之奔，欲明从史文；今北燕伯出奔，亦曰北燕伯，嫌目名之，故重曰‘从史文’，举此二者以明例，故于后不释。”昭公十四年《经》：“十有四年，春，意如至自晋。”《传》：“大夫执则致，致则名，意如恶，然而致，见君臣之礼也。”《疏》：“重发传者，单伯书字，意如则书名，婼又无罪，以见三者义异，故各发传也。”其错误大同小异，这里不再逐一分析，列出供备考。

〔6〕“辞例”，这里权指《穀梁传》对《经》文中动词、副词等非名义的词的诠释。

〔7〕不“发传”者有七处，具列以供备考：桓公十八年《经》：“十有八年，春，王正月，公会齐侯于泺。公与夫人姜氏遂如齐。”僖公六年《经》：“秋，楚人围许。诸侯遂救许。”文公十五年《经》：“（冬，十二月）齐侯侵我西鄙。遂伐曹，入其郛。”成公十三年《经》：“夏，五月，公自京师。遂会晋侯、宋公、卫侯、郑伯、曹伯、邾人、滕人伐秦。”襄公二年《经》：“冬，仲孙蔑会

晋荀罃、齐崔杼、宋华元、卫孙林父、曹人、邾人、滕人、薛人、小邾人于戚。遂城虎牢。”襄公二十三年《经》：“秋，齐侯伐卫，遂伐晋”。定公八年《经》：“（秋）晋士鞅帅师侵郑，遂侵卫。”

〔8〕杨《疏》述范宁《略例》中数则原文，具列以供备考：庄公十九年《经》：“秋，公子结媵陈人之妇于鄄。遂及齐侯、宋公盟。”《传》：“媵，浅事也，不志，此其志何也？辟要盟也。何以见其辟要盟也？媵，礼之轻者也。盟，国之重也。以轻事遂乎国重，无说。”僖公四年《经》：“四年，春，王正月。公会齐侯、宋公、陈侯、卫侯、郑伯、许男、曹伯侵蔡，蔡溃。遂伐楚，次于陉。”《传》：“遂，继事也。”僖公二十八年《经》：“（冬）诸侯遂围许。”《传》：“遂，继事也。”又《经》：“曹伯襄复归于曹。遂会诸侯围许。”《传》：“遂，继事也。”宣公十八年《经》：“（冬）归父还自晋，至柽遂奔齐。”《传》：“遂，继事也。”宣公元年《经》：“（秋）楚子、郑人侵陈。遂侵宋。”《传》：“遂，继事也。”襄公十二年《经》：“（春）季孙宿帅师救郃，遂入郓。”《传》：“遂，继事也。受命而救郃，不受命而入郓，恶季孙宿也。”

〔9〕又有僖公三十年《经》：“（冬）公子遂如京师，遂如晋。”《传》：“以尊遂乎卑，此言不敢叛京师也。”虽非直接言“遂”，但《传》文解释明显则可看出“遂”为“继事之辞”。

〔10〕其余杨氏误解“辞例”“重发传”的还有：隐公四年《经》：“夏，公及宋公遇于清。”《传》：“及者，内为志焉尔。”《疏》：“重发传者，嫌盟遇礼异，故重发以同之。”隐公五年《经》：“秋，卫师入郕。”《传》：“入者，内弗受也。”《疏》：“重发传者，前起者邑，今是国，故重发之。”庄公三十年《经》：“冬，公及齐侯遇于鲁济。及者，内为志焉尔。遇者，志相得也。”《疏》：“重发传者，齐为伯者，嫌与诸侯异也。”闵公二年《经》：“九月夫人姜氏孙于邾。”《传》：“孙之为言犹孙也，讳奔也。”《疏》：“重发传者，文姜杀夫，哀姜杀子，嫌异，故重发之。”僖公二十六年《经》：“公以楚师伐齐，取穀。”《传》：“以者，不以者也。”《疏》：“重发传者，彼据外，此据内，故重详之。”文公七年《经》：“（冬）公孙敖如莒莅盟。”《传》：“莅，位也。其曰位，何也？前定也。其不日，前定之盟不日也。”《疏》：“重发传者，以徐伐莒而往莅盟，嫌非两国交盟之例，故明之。”文公九年《经》：“（二月）辛丑，葬襄王。天子志崩不志葬。举天下而葬一人，其道不疑也。志葬，危不得葬也。”《疏》：“重发传者，桓王七年始葬，襄王则七月而葬，嫌异，故重发之也。”宣公三年《经》：“三年，春，王正月，郊牛之口伤，改卜牛。牛死，乃不郊。”

《传》：“乃者，亡乎人之辞也。”《疏》：“重发传者，嫌牛死与卜郊不从异也。”宣公十五年《经》：“夏，五月，宋人及楚人平。”《传》：“平者，成也。”《疏》：“重发传者，嫌外内异也。”成公十三年《经》：“十有三年，春，晋侯使郄锜来乞师。”《传》：“乞，重辞也。”《疏》：“重发传者，公子遂内之始，此外之初，故发之也。古之人重师，故以乞言之也者，古人以师之为重，故以重辞言之。”成公十五年《经》：“冬，十有一月，叔孙侨如会晋士燮、齐高无咎、宋华元、卫孙林父、郑公子鳅、邾人，会吴于钟离。”《传》：“会又会，外之也。”《疏》：“重发传者，攒函，表中国之辞，钟离，明内外之称，故两发之。”襄公三年《经》：“六月，公会单子、晋侯、宋公、卫侯、郑伯、莒子、邾子、齐世子光。己未，同盟于鸡泽。陈侯使袁侨如会。”《传》：“如会，外乎会也。”《疏》：“庄十四年‘单伯会伐宋’，《传》云‘会事之成也’，僖二十八年‘陈侯如会’，《传》曰：‘外乎会也’。是二文互以相通也。会伐宋，伐事已成，单伯乃至，则践土亦会事已成，陈侯乃至也。陈侯言外乎会，异故重发之。”襄公五年《经》：“十有二月，公至自救陈。善救陈也。”《疏》：“于公之至下言之者，《春秋》主善以内，故书公至下重发。”襄公十九年《经》：“（七月）晋士匄帅师侵齐，至穀，闻齐侯卒，乃还。”《传》：“还者，事未毕之辞也。”《疏》：“重发传者，嫌内外异也。”昭公二十三年《经》：“（七月）尹氏立王子朝。”《传》：“立者，不宜立者也。”《疏》：“重发传何？解，卫晋得众，言立嫌非所宜。此子朝失众，独在尹氏，故言立以著不宜，文同而义异，故复发传，别嫌乎尹氏之朝。”昭公二十五年《经》：“（夏）有鸜鹆来巢。”《传》：“一有一亡曰有。”《疏》：“重发传者何？解鸜鹆者飞鸟，与蜚蜮异，称有为同，故重发传。”定公十三年《经》：“秋，晋赵鞅入于晋阳以叛。”《传》：“叛，直叛也。”《疏》：“不解入而重发叛例何？解赵鞅自入己邑，不从外入。入者，内弗受也，以其无君命，于义不受。同书入之，非专不受，故但释其叛非实叛，故下书归明之。非叛而书叛，书叛非真叛也，故复发也。”列出供备考。

〔11〕“礼例”，这里权指《穀梁传》对《经》文中礼制的诠释。

〔12〕简逸光：《穀梁传解经方法研究》，新北：台湾花木兰文化出版社，2006年，第43页。

〔13〕关于礼制的“重发传”，杨士勋误解的还有：桓公三年《经》：“（六月）公子翚如齐逆女。”《传》：“逆女，亲者也。使大夫，非正也。”《疏》：“重发传者，履緰外之始，翚是内之初，故重发以明外内不异也。”庄公七年《经》：“冬，夫人姜氏会齐侯于穀。”《传》：“妇人不会，会非正也。”《疏》：

"再发传者，防是鲁地，穀是齐邑，故重发之。"庄公二十五年《经》："（六月）伯姬归于杞。"《传》："其不言逆，何也？逆之道微，无足道焉尔。"《疏》："重发传者，纪伯姬释不称使之微，此解不言逆之微，故别发传。"隐公元年《经》："（夏）天王使毛伯来锡公命。"《传》："礼：有受命，无来锡命，锡命，非正也。"《疏》："重发传者，桓则薨后见锡，此则即位见锡，嫌其得正，故传发之。"僖公三十一年《经》："冬，杞伯姬来求妇。"《传》："妇人既嫁不踰竟，杞伯姬来求妇，非正也。"《疏》："重发传者，嫌国君之妻异，故明之。"襄公十一年《经》："夏，四月，四卜郊，不从，乃不郊。"《传》："夏四月，不时也。四卜，非礼也。"《疏》："上三卜为礼，而非时。此卜违礼，而礼亦非时，故重发传。不言免牲者，不行免牲之礼，故但言不郊耳。"宣公十八年《经》："冬，十月，壬戌，公薨于路寝。"《传》："正寝也。"《疏》："重发传者，庄据始，故发之。宣公篡弑，有嫌成公承所嫌之下，故各发传也。"定公十五年《经》："（五月）壬申，公薨于高寝。"《传》："高寝，非正也。"《疏》："重发传何？解，高者大名，嫌是路寝之流，故发传明之。"定公十五年《经》："（九月）丁巳，葬我君定公。雨，不克葬。"《传》："葬既有日，不为雨止，礼也。雨不克葬，丧不以制也。"《疏》："重发传何？解，顷熊夫人，今此人君嫌礼异，故发传以明之。且彼言日中，此言日下稷；彼言而，此言乃，文并不同。释既不异，义体相似。"

〔14〕对于"事例"的"重发传"，杨《疏》有误者尚有：文公十四年《经》："六月，公会宋公、陈侯、卫侯、郑伯、许伯、曹伯、晋赵盾。癸酉，同盟于新城。"《传》："同者，有同也。同外楚也。"《疏》："《春秋》书同盟非一，传或有释，亦有不释；就不释之内辞又不同。所以然者，庄公之世，二幽之盟，于时楚国未强，齐桓初霸，直取同尊周室而已，故《传》云'同尊周也'。及邵陵首止之徒，楚不取与争，褒大齐桓，故不复言同。当文公时，楚人强盛，而中国畏之。命同盟详心外楚，不复直能尊周室而已，故《传》释之云'同外楚也'。'断道'书同，《传》云：'外楚也。'则'清丘'亦是外楚，故传省文也。举断道以包上下，则虫牢、马陵，蒲之与戚，柯陵、虚杄之类，亦是省文可知。同盟鸡泽复发传者，楚人转盛，中国外之弥甚，故更发之，则戏盟及京城重丘之等，亦其义也。平丘又重发外楚之文者，平丘以下，中国微弱，外楚之事尽于平丘。从此以后，不复能外，故发传以终之。"昭公二十九年《经》："（春）齐侯使高张来唁公。"《传》："唁公不得入于鲁也。"《疏》："复发传何？解前'齐侯唁公子野井'，野井，齐地，今来唁公于郓，郓是鲁地。

鲁地而言唁，言不得入于鲁国都。鲁国都谓宗庙所在。唁有远近，人有尊卑，君臣同文，故重发例也。”

〔15〕襄公后当为子野即位，但子野在襄公三十一年卒，且是正卒。

〔16〕与此例相类又不同者如襄公七年《经》：“十有二月，公会晋侯、宋公、陈侯、卫侯、曹伯、莒子、邾子于鄬。郑伯髡原如会，未见诸侯丙戌，卒于操。”《传》：“诸侯不生名，此其生名，何也？卒之名也。卒之名，则何为加之如会之上？见以如会卒也。其见以如会卒，何也？郑伯将会中国，其臣欲从楚。不胜如臣，弑而死。其不言弑，何也？不使夷狄之民加乎中国之君也。其地，于外也。其日，未踰竟也。日卒时葬，正也。”昭公十九年《经》：“冬，葬许悼公。”《传》：“日卒时葬，不使止为弑父也。”昭公十九年重发“日卒时葬”，则可视为特例原因论述的引文。

〔17〕《穀梁传》四则“取，易辞也”如下：桓公十一年秋《经》：“突归于郑。”《传》：“曰突，贱之也。曰归，易辞也。祭仲易其事，权在祭仲也。死君难，臣道也。今立恶而黜正，恶祭仲也。”庄公九年《经》：“九月，齐人取子纠杀之。”《传》：“外不言取。言取，病内也。取，易辞也。犹曰：‘取其子纠而杀之云尔。’十室之邑，可以逃难；百室之邑，可以隐死。以千乘之鲁，而不能存子纠，以公为病矣。”昭公二十五年《经》：“十有二月，齐侯取郓。”《传》：“取，易辞也。内不言取，以其为公取之，故易言之也。”哀公九年春《经》：“宋皇瑗帅师，取郑师于雍丘。”《传》：“取，易辞也。以师而易取，郑病矣。”

〔18〕又如“称国以杀”，有“罪累上”与“杀无罪”，当区别。僖公十一年《经》：“十有一年，春，晋杀其大夫丕郑父。”《传》：“称国以杀，罪累上也。”杨《疏》：“重发传者，此里克同党，恐异，故发之。”杨疏亦未说明。

〔19〕隐公四年《经》：“九月，卫人杀祝吁于濮。”《传》：“称人以杀，杀有罪也。祝吁之挈，失嫌也。其月，谨之也。于濮者，讥失贼也。”

〔20〕此类杨士勋误解者尚有：成公二年《经》：“十有一月，公会楚公子婴齐于蜀。”《传》：“楚无大夫，其曰公子，何也？婴齐亢也。”《疏》：“楚无大夫，重发之者，屈完当齐桓，名氏始见，非正例也。椒与宜申二者不见名氏，非大夫之例。今称公子，是贵于同大夫之文，故重发之。婴齐之亢，又重发者，高傒则没公存氏，处父无氏称名，婴齐则前骄后让，三者皆异，故各发之。”文公三年《经》：“夏，五月，王子虎卒。”《传》：“叔服也。此不卒者也，何以卒之？以其来会葬，我卒之也。”《疏》：“重发之者，尹氏则以为鲁主，此为会

葬，事异，故重发之。”文公三年《经》：“（秋）雨螽于宋。”《传》：“外灾不志，此何以志也？曰，灾甚也。其甚奈何？茅茨尽矣。”《疏》：“外灾不志，重发之者，志灾或为王者之后，或为甚而录之，故不得一例危之。”另在直叙中为叙述方便“重发传”而杨士勋误解处尚有：襄公五年《经》：“（夏）仲孙蔑、卫孙林父会吴于善稻。”《传》：“吴谓善伊谓稻缓，号从中国，名从主人。”《疏》：“重发此文者，郛之与宋，俱是中国，嫌此鲁、卫会吴善稻。善稻，吴地，嫌从夷号，故重发之。大原，晋地，接狄之竟，名曰大卤，恐从狄名，故更发其例。蚡泉，鲁地，莒从夷俗，但狄人谓蚡泉为矢胎，莒不得与真夷狄同，故亦须发例也。‘名从主人’者，越为於越，《左传》云寿梦之鼎是也。”具列以供备考。

主要参考书目

一、《十三经注疏》及《穀梁传》相关著作

1. ［清］阮元等校刻：《十三经注疏》，北京：中华书局，2013年。

2. 李学勤主编：《春秋穀梁传注疏》，夏先培整理，北京：北京大学出版社，1999年。

3. ［清］钟文烝：《春秋穀梁传补注》，骈宇骞点校，北京：中华书局，2009年。

4. ［清］廖平：《穀梁古义疏》，郜积意点校，北京：中华书局，2012年。

5. ［清］柯劭忞：《春秋穀梁传注》，南宁：广西师范大学出版社，2018年。

6. ［清］柳兴恩：《穀梁大义述》，《皇清经解续编》，南京：凤凰出版社，2005年。

7. ［清］齐召南：《春秋穀梁传注疏考证》，《皇清经解续编》，南京：凤凰出版社，2005年。

8. ［清］侯康：《穀梁礼证》《皇清经解续编》，南京：凤凰出版社，2005年。

9. ［清］许桂林：《春秋穀梁传时月日书法释例》，《皇清经解续编》，南京：凤凰出版社，2005年。

10. 周何：《春秋穀梁传新译》，台北：三民书局，2000年。

二、其他古籍及近人校注

1. ［宋］朱熹：《四书章句集注》，北京：中华书局，2005 年。

2. 杨伯峻：《春秋左传注》，北京：中华书局，2009 年。

3. ［汉］司马迁：《史记》，北京：中华书局，2013 年。

4. ［汉］班固：《汉书》，北京：中华书局，2002 年。

5. ［南朝宋］范晔：《后汉书》，北京：中华书局，1982 年。

6. ［清］王先谦：《荀子集释》，沈啸寰、王星贤点校，北京：中华书局，2013 年。

7. ［清］苏舆：《春秋繁露义证》，钟哲点校，北京：中华书局，2002 年。

8. 石光瑛：《新序校释》，北京：中华书局，2009 年。

9. 向宗鲁：《说苑校证》，北京：中华书局，2011 年。

10. ［宋］黎靖德：《朱子语类》，王星贤点校，北京：中华书局，2011 年。

三、近人学术著作

1. 王天然：《穀梁文献征》，北京：社会科学文献出版社，2014 年。

2. 周何：《〈春秋穀梁传〉传授源流考》，台北："国立"编译馆，2002 年。

3. 赵伯雄：《春秋学史》，济南：山东教育出版社，2014 年。

4. 简逸光：《穀梁传解经方法研究》，新北：台湾花木兰文化出版社，2006 年。

图书在版编目（CIP）数据

追寻平实精微：汉唐春秋穀梁学论稿/张沛林著.
—福州：福建教育出版社，2019.5
（中国历史研究学术文库）
ISBN 978-7-5334-8367-8

Ⅰ．①追… Ⅱ．①张… Ⅲ．①中国历史—春秋时代—史籍②《穀梁》—研究 Ⅳ．①K225.04

中国版本图书馆 CIP 数据核字（2019）第 021274 号

中国历史研究学术文库
中国社会科学院古代史研究所文化史研究室 编

Zhuixun Pingshi Jingwei

追寻平实精微

——汉唐春秋穀梁学论稿

张沛林 著

出版发行 福建教育出版社
（福州市梦山路 27 号 邮编：350025 网址：www.fep.com.cn
编辑部电话：0591—83716932
发行部电话：0591—83721876 87115073 010—62027445）
出 版 人 江金辉
印　　刷 福州华彩印务有限公司
（福州市福兴投资区后屿路 6 号 邮编：350014）
开　　本 710 毫米×1000 毫米 1/16
印　　张 12.75
字　　数 160 千字
插　　页 1
版　　次 2019 年 5 月第 1 版 2019 年 5 月第 1 次印刷
书　　号 ISBN 978-7-5334-8367-8
定　　价 41.00 元

如发现本书印装质量问题，请向本社出版科（电话：0591—83726019）调换。